资助项目：

北京市属高等学校长城学者培养计划

（PXM_014260_000027_00335818_FCG）

会计职业契合度水平及其经济后果研究

杜海霞 ◎ 著

中国财经出版传媒集团

经济科学出版社

Economic Science Press

图书在版编目（CIP）数据

会计职业契合度水平及其经济后果研究/杜海霞著.
—北京：经济科学出版社，2020.5
ISBN 978-7-5218-1615-0

Ⅰ.①会… Ⅱ.①杜… Ⅲ.①会计人员-职业选择-研究 Ⅳ.①F233

中国版本图书馆CIP数据核字（2020）第094659号

责任编辑：孙丽丽 撖晓宇
责任校对：王肖楠
责任印制：李 鹏 范 艳

会计职业契合度水平及其经济后果研究
杜海霞 著
经济科学出版社出版、发行 新华书店经销
社址：北京市海淀区阜成路甲28号 邮编：100142
总编部电话：010-88191217 发行部电话：010-88191522
网址：www.esp.com.cn
电子邮箱：esp@esp.com.cn
天猫网店：经济科学出版社旗舰店
网址：http://jjkxcbs.tmall.com
北京季蜂印刷有限公司印装
710×1000 16开 14印张 210000字
2020年6月第1版 2020年6月第1次印刷
ISBN 978-7-5218-1615-0 定价：56.00元
（图书出现印装问题，本社负责调换。电话：010-88191510）

前　言

随着持续多年的扩招，高等教育不再是精英教育，而是成为大众教育。高等院校学生规模日益的增长是否同步伴随着教育质量水平的增长？高等教育是否培养了社会需要的人才，是否契合了社会产业结构的需要？职业教育作为高等教育的重要分类，在近二十年的发展过程中，无论是招生规模还是财政投入，都迎来了大规模的增长，但是，由于职业教育目前局限于专科学历的授予，社会认可度与本科院校相比尚有一定距离，即使就业率指标堪与本科媲美，但其内涵式发展的质量是否足以与本科院校平分秋色？

本书拟以会计专业为切入点，在宏观供需分析框架基础上，构建教育特征与职位特征的分析框架，并对其经济后果进行实证分析研究，以期为会计专业的教育发展及职业发展提供政策建议。

本书的主要内容安排如下：第一章分析研究背景并构建本书的整体研究框架；第二章基于经济增长，从宏观层面对会计人员的供需规模与结构情况进行综合分析；第三章构建教育特征与职位特征的微观契合度分析框架，并以此为基础对过度教育的影响因素进行分析；第四章对教育特征与职位特征契合度水平的经济后果，即就业薪酬进行实证检验。通过对薪酬的影响因素进行分析，以期为资源配置决策，例如：个人的教育投资决策、企业的雇佣和培训投入决策、政府层面关于教育资源投入及配置决策提供有益建议。第五章基于工作要求—控制—支持模型

（JDCS 模型），构建职业满意度框架与母校推荐度水平框架，对关于职业满意度框架与母校推荐度水平的直接作用路径与间接作用路径进行实证检验，界定重要影响因素，以期为提高职业满意度水平与母校推荐度水平提供有效建议。

目　录

第一章 绪论

第一节 研究背景

随着持续多年的扩招，高等教育不再是精英教育，而是成为大众教育。高等院校学生规模日益的增长，是否同步伴随着教育质量水平的增长？高等教育是否培养了社会需要的人才，是否契合了社会产业结构的需要？随着网络技术及人工智能的发展，高等教育该如何进行变革？职业教育作为高等教育的重要分类，在近二十年的发展过程中，无论是招生规模还是财政投入，都迎来了大规模的增长，但是，由于职业教育目前局限于专科学历的授予，社会认可度与本科院校相比尚有一定距离，即使就业率指标堪与本科媲美，但其内涵式发展的质量是否足以与本科院校平分秋色？

会计专业作为招生最大规模专业之一，有其特殊的职业特性。只要有企业，就有对会计专业的需求，没有行业的分隔界限。无论教育层次是否不同，会计的职业发展路径都具有趋同性。本书将以会计专业为切入点，在宏观供需分析框架基础上，构建教育特征与职位特征的分析框架，并对其经济后果进行实证分析研究，以期为会计专业的教育发展及职业发展提供政策建议。

一、会计职业教育的竞争与挑战

在产业结构调整与智能技术变革的冲击下，会计的工作模式与教育模式究竟发生了什么变化?

1. 互联网教育颠覆了传统教育模式

2000 年，中华会计网校等网络学校开始建立，历经将近 20 年的发展，网络教育从单纯的录课讲授到线上线下互动，网络教育得到了迅猛发展。事实上，2010 年之后，基本上所有的培训机构都已经开始借助于网络教育的手段，注册会计师等各种执业资格的职业教育也以网络教育为主。2018 年 4 月 9 日，《2017 年中国互联网学习白皮书》（以下简称“白皮书”）正式公布，由教育部教育管理信息中心、数字学习与教育公共服务教育部工程研究中心、百度教育共同编著。白皮书认为，在线课程学分学历化将是常态化趋势。打破正式学历教育和非正式学历教育的界限，构建真正的终身教育，将是高等教育面向未来发展的基本趋势。白皮书认为，未来互联网学习将以 13% 增长率向更大年龄迁移，互联网学习者的学习时长将以 12% 的增长率增长，沉浸式学习将成为未来互联网教育的趋势。

相比于学校的职业教育，网络教育明显更加灵活。例如，基于各类平台的自媒体可以随时分享实务中的热点问题，解决工作中遇到的疑难问题，教育者与被教育者沟通速度快，沟通效率高，因而受到实务工作者的支持与热捧。2016 年被称为共享知识经济的元年，知乎 LIVE、千聊平台、喜马拉雅平台为各类拥有知识与技能的人提供了分享知识的平台，知识付费变得简单直接。借助于网络平台，人人都可以成为教师。在网络技术助推下，自媒体教育欣欣向荣。

客观来看，职业教育也并非没有创新。国家投入了大量的资金进行翻转课堂、慕课的设计与录制，并且将蓝墨和雨课堂等方式引入课堂教学，对于新技术的探索从未停止过。但总体来看，效果并不是很理想。由于缺少社会培训灵活的创新与激励机制，相比于网络教育层出不穷的创新模式，会计职业教育的创新模式明显还有很大提升的空间。

2. 社会培训的内容正在向职业教育进行全景化渗透

从会计专业培训来看，网络上正规的培训教育从传统的职业资格取证教育到基于职业技能培训的就业教育，已基本涵盖了会计专业教育培训的全部内容。例如，中华会计网校开设的就业教育课程，包括：各项职业实务技能、职业成长培训、创新创业培训。不难看出，所谓的就业教育课程与职业教育的理念完全一致。

此外，各类行业专家借助于各种自媒体平台，进行知识分享。就会计专业来看，最近几年会计准则与税收法规变化很大。各类行业专家借助于自媒体平台，几乎在法规颁布的同时就可以进行讲解与解读，反应速度之快绝非职业教育正常的课堂教学所能比拟的。同时，这些行业专家可以利用丰富的工作经验即时解决财务人员在实际工作中遇到的实际问题，而职业院校教师在这方面无疑处于劣势。受制于各种因素（如教材、大纲与时间因素）的影响，行业的最新前沿可能也无法即时引入课堂。

教育内容是教育的核心与主体部分，在社会培训内容向职业教育全景化渗透时，职业教育该如何应对？职业教育是否有一天会被社会培训替代？

3. 会计职业教育竞争力不足

会计职业教育与工科职业教育有本质的不同。工科职业教育培养的学生在进入就业市场后，有单独的职业晋升渠道（如高级技师），所以工科高职院校毕业的学生有良好的职业发展前景。但是会计高职院校毕业的学生进入社会后，与本科甚至于研究生毕业的学生从事相同的工作，历经同一职业晋升渠道，并无单独的职称与职业晋升序列。比如进入企业后，无论是高职学生、本科毕业生还是研究生，可能都要从出纳和最基础的会计岗位做起，职业成长会历经财务经理、财务总监等岗位，高职学生在初入职时可能会因为薪酬起点低而受到用人单位的青睐，但随着工作年限的增长，其职业晋升机会从总体上会低于本科和研究生。由于职业成长路径相同，高职会计专业学生要想有更好的职业成长，必须取得与本科生、研究生一样的职称证书，注册会计师执业资格证书。但是在校学习知识的不同，学习能力的不足，使高职专业学生有着先天的局限与不足。

当某一专业的职业教育不能为未来 5 ~ 10 年的职业成长奠定基础时，职业教育的吸引力就会下降，从而生源素质进一步下降。会计的职业教育与本科教育相比，学历层次较低，社会认可度较低，这就有可能使得职业教育陷入一个往复的不良循环。

4. AI 人工智能技术的发展正在颠覆会计职业的工作模式

高职会计专业与本科专业相比，起薪低且能承担会计岗位相对简单的工作，这一优势会随着技术的进步而荡然无存。回顾近年来会计技术的发展，不难发现，十几年前在诸多小企业还颇为常见的手工记账现在早已不见踪影，取而代之的是各种类型的财务软件。技术的发展必然会呈现加速趋势。随着财务机器人的应用，AI 人工智能的发展，区块链技术的发展，一方面，简单重复的工作被取代应该会是一个常态和趋势。随着技术的发展，现在很多企业的会计核算工作已经被替代，财务共享中心的人工工作目前主要集中在单据的审核与核对工作上，随着 AI + 扫描技术的发展，电子发票与电子档案的普及，单据的人工审核也必将被替代。另一方面，除了简单的财务会计核算记录工作外，在大数据与人工智能的背景下，管理会计工作也很难独善其身，被智能技术替代的可能性也非常大。随着电子单据的普及，除了账务处理的自动化外，企业提取与分析信息的能力越来越强，智能分析用以决策的可能性日益提高。

5. 企业主导的职业教育模式构成了对职业教育的挑战

诸多企业为了发展，已经向人才培养前端转移，并在内部设有专门培训机构，例如华为内部的华为大学，由具有一定资质和经验的专家讲授工作与管理经验，这当然会比一般的社会培训更能有的放矢。再如，科大讯飞已推出人工智能课程体系，并在 2017 年 10 月 24 日建立人工智能大学，目前已招收 10000 名学员。刘庆峰表示，2018 年人工智能大学计划招收超过 50 万名学员，培养人才将能够和各个行业直接对接[①]。

国外很多大型企业也在寻求与职业教育平台的合作。脸书（Facebook）正在和芝加哥许多社区大学合作，提供社交媒体营销的相关课程，沃尔玛也在与一些大学合作，为旗下的员工提供免费的物流学位和课程；苹果（Apple）、谷歌（Google）以及亚马逊都与大学开展过类似的培训。大公司的合作机构一般有三种：一是与社区大学共同开发课程，并且提供相应的实习机会；二是与在线教育平台合作，例如 Coursera、Udacity、edX 这样的机构，由教育平台开放线上课程，提供企业和平台共同认可的学位；三是与其他相关线下培训机构合作，共同研发课程，企业提供费用，进行课程研发和教师培训，企业甚至会提供奖学金。不难看出，无论上述哪种合作模式，企业都居于主动位置，这一方面是因为现有的课程体系所培训出来的人才，并不能够完全满足公司的需求；而另一方面，可能在于“产品输出”，在掌握人才的基础上，促进产品向新用户的推广和渗透，可以说是一举两得[②]。

此外，部分公司承担了公司与人才之间的短期培训中介作用，例如 Startup Institute 是基于创业的角度开展职业教育。Startup Institute 一方面给快速增长的创业公司持续提供人才，另一方面帮助想要进入创业公司工作的职业人士提供相关技能、文化培训，以及资源网络的接入。它不仅仅是一个职业培训项目，更是创业生态圈的构建者。在申请的阶段，Startup Institude 的招生官会对申请者进行面试，既考查其工作与技能，也了解他们的偏好，从而帮助选择适合他们的项目。对于 Startup Institude 来说，他们与创业公司的合作关系不是简单的输入人才，而是让雇主在不同环节与学生有不同的互动，包括邀请创业公司的行业领袖给学生上课，让学生在就学期间与创业公司合作项目，根据创业公司的需求进行定向推荐等[③]。Startup Institute 的这种教育模式应该是学校职业教育校企合作模式的最优状态。

---

① 科大讯飞刘庆峰两会提案：人工智能教育应从小学开始，https：//www. sohu. com/a/224923713_115563.

② 探索上游人才培训，巨头已不满足传统的招聘创新，https：//www. jiemodui. com/N/97460. html.

③ 职业教育创新，从简单的技能培训班到全面的职业加速器，https：//www. jiemodui. com/N/85756. html？ from = A_92004.

当企业为定制化人才培养与学校主动合作时，他们在合作学校与课程体系上要求也会更加严苛，目前国内大部分职业院校均很难满足课程定制化的需求。尽管很多职业院校都已建立了定单班，但是人才培养与课程的定制化尚有很大发展空间。同时，会计专业的特殊性及企业内部岗位的有限性决定了与单独的企业进行合作，定制化培养存在一定的困难。比较可行的选择是与会计师事务所、代账公司等需要大规模财务相关岗位的企业合作。

二、会计职业教育契合度研究现状

职业教育是我国教育体系的重要组成部分，职业教育的发展对于国家治理水平的提高，产业转型升级和经济发展等均具有重要意义。然而从会计职业教育目前发展现状来看，不容乐观。

1. 高校质量年度报告缺少对专业数据的细化统计

2011 年 7 月 11 日，教育部高等教育司发出《关于“985 工程”高校公布 2010 年〈本科教学质量报告〉的通知》，要求为“落实纲要关于‘建立高等学校质量年度报告发布制度’的要求，我部决定在‘985 工程’高校先行公布 2010 年《本科教学质量报告》”。可见，我国高校的教育质量报告最早发端于 2010 年度。2011 年 9 月 29 日，教育部要求，“各地和各高等职业学校都要建立人才培养质量年度报告发布制度”。高职的人才培养质量年报也开始报送。

尽管从 2010 年以来，无论是教育主管部门，还是麦可思等咨询机构，对于质量报告的主题及内容都进行了深入研究，其质量报告的内容翔实性呈现持续提高状态，对于高职院校就业数据的统计进行了有益尝试，也为教育主管部门的相关决策提供了有效信息。但是，仔细研究现有质量报告，不难发现大部分高职院校质量报告的数据多集中于整体就业率等数据分析或简单划分为专业大类。除极少数院校外，具体专业的数据并未做披露。第一，由于不同专业之间就业方向及路径差异很大，统计数据不能满足教育主管部门决策需要，无法对具体专业的质量水平进行准确评估，无法测度专业人员的供给与需求；第二，学校的建设最终要具体落实至各专业的建设上，但缺少不同学校同一专业的比较，不利于各学校明确专业培养人才的供给与需求缺口，不利于专业结构的进一步优化和专业水平的进一步提升；第三，缺少具体专业就业质量及供需数据，不利于为学生报考专业时提供专业性权威参考。

2. 会计专业人员供给缺少有效统计数据

如前所述，会计人才队伍的供给既包括学历教育人才，也包括非会计专业但通过各种职称考试最后从事会计及相关工作的人员。目前，各类会计及相关人员的数据信息由不同的主管部门分别统计。会计、审计专业的毕业生数据由教育部门通过招生计划予以规划和统计，初、中、高级职称人员的信息由财政部门予以统计和规划，注册会计师的数据与信息则由注册会计师协会予以统计。会计的职称与执业资格类考试并无对专业的限制性要求，因而非会计专业人员也是可以考取职称与注册会计师执业资格证书的。教育主管部门统计的信息与财政部门统计的信息既有交叉重叠又有不同，建立会计人员的共享数据库势在必行。

值得注意的是，根据中国注册会计师协会公布的2017年注册会计师考试情况分析①，专业阶段考试：会计审计专业通过率为24.05%；财经类专业通过率为28.01%；非财经类专业通过率为25.75%；综合阶段考试：会计审计专业通过率为79.97%；财经类专业通过率为83.43%；非财经类专业通过率为84.01%。从上述数据可以看出，无论在专业阶段还是综合阶段，会计审计专业的通过率竟然低于其他专业。非财经类专业在综合阶段的通过率高于财经类专业和会计专业通过率，而专业阶段的考试通过率也高于会计类专业。尽管这仅是一年的统计数据，但是仍然值得我们深思。注册会计师考试被视为会计类最难的资格考试，而受过专业教育的会计专业人才，其通过率竟然低于其他专业，究竟是会计审计的专业教育出了问题，还是注册会计师行业本身需要的专业素质超出了会计审计专业本身的

① 中国注册会计师协会：《2017年注册会计师全国统一考试分析报告》，载《中国注册会计师》2018年第8期。

培养规格？当然，由于会计审计专业无论是专业阶段还是综合阶段报名人数均占总报名人数的50%以上，人数相对较多，所以通过率低可能也是个正常现象，这还需要注协进一步的数据细化分析。同时，从报名人数学历构成来看，本科报名人数所占比率最高，为70%左右，专业阶段通过率占报名人数的26.96%，而专科通过率为15.59%。考虑到本科报名人数远高于专科，所以本科与专科学生专业能力差异还是很明显的。

3. 会计专业人员需求缺少有效统计数据

第一，目前会计人员存量数据尚缺乏有效权威的数据统计。《会计专业技术人员继续教育规定》将参加继续教育的会计人员范围限定于“国家机关、企业、事业单位以及社会团体等组织具有会计专业技术资格的人员，或不具有会计专业技术资格但从事会计工作的人员”。《会计人员管理办法》对会计人员进行了进一步明确，列举了9类岗位，较为细化地明确了会计人员的具体范围。同时要求财政部门“对单位任用（聘用）会计人员及其从业情况进行管理和监督检查，并将监督检查情况及结果及时向社会公开”。但是目前财政部门掌握的是持有会计专业技术资格的人员和会计从业资格的人员情况，并不掌握真正从事会计工作的人员情况。从现实情况看，大量取得会计从业资格的人员并未从事会计工作；同时，存在大量未取得会计从业资格的人员在从事会计工作。所以，依据财政部门现有的以证书为口径掌握的会计人员信息，远远不能满足新规定的管理需求。但值得称赞的是，自2019年度起，各地财政局已经开始采集会计人员信息，尽管信息采集口径还不能完全满足教育主管部门等多部门的决策需求，但至少会计人员信息的收集与数据共享又向前推进了一步。

第二，会计人员动态需求数据尚缺乏有效权威的数据统计。关于会计人员需求的数据目前并无权威发布与统计。在大数据背景下，随着AI智能技术的发展，会计人员需求究竟如何？会计人员动态需求数据信息的有效收集，既可以为财政部门职称考试等人才管理和培养提供数据基础支持，又可以为会计专业学历教育的规模及财政投入提供政策支持信息。

第三，目前尚未有对会计人员信息的结构性分析。现有研究认为，从人力资源生产的角度而言，性别、学历、年龄结构、持有证书类别、职业经历及岗位经验都会对人力资源的生产有重要影响。目前对于会计人员缺口的估计，主要还是从会计职称考试资格的角度来分析，但这只是影响会计人员职业能力的重要影响因素之一。只有对会计人员信息进行多维度结构分析，才能更好地反映会计人员现状，并为政府部门决策提供支持。

第二节 研究框架

本书将会计人员职业发展路径分析纳入基于经济增长的供给与需求分析框架，如图1-1所示。一方面，从宏观层面来看，会计人员个体的职业发展受经济增长与产业结构的影响，会计行业的发展与经济增长息息相关，经济增长、产业结构与教育结构共同构成了会计人员供给与需求的宏观分析框架，并影响了行业的整体薪酬走向及发展方向；另一方面，从会计人员的个体来看，职业发展路径经过初入职场、职业成长与职业成熟稳定阶段，在个体的职业成长发展过程中，教育特征、职位特征与支持资源是职业发展的微观动力机制，并决定着就业岗位、就业薪酬与就业满意度等就业质量水平特征。

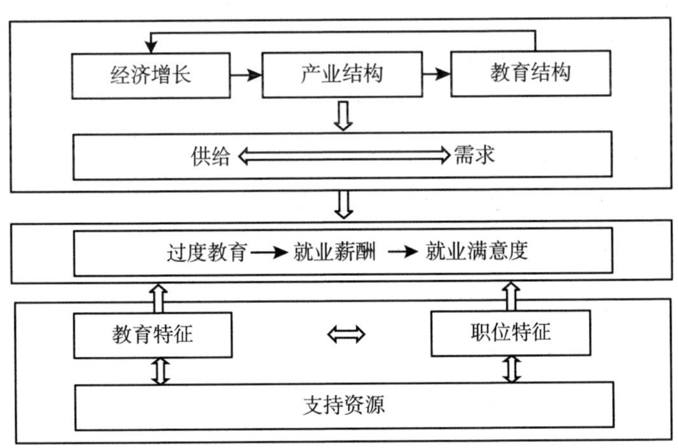

图1-1 研究框架

一、基于经济增长的供需框架分析

会计与经济增长的关系，从会计历史发展即可见一斑。自 1993 年的会计制度改革起，会计即进入了高速发展时期。经济增长对会计职业发展的影响主要包括供给与需求两方面。

一方面，经济增长会影响会计人员需求的数量与结构。经济发展水平的提高，会促进行业和企业的发展，进而会提高会计专业人才的需求数量水平。财政部会计资格评价中心发布的《我国会计人才供求状况研究报告》① 通过回归分析发现了会计人员数量与 GDP 经济增长的显著正相关关系。同时发现我国会计持证人员分布与各地区的经济水平和人口数量成正比关系。可见，经济越发达，对于会计人员的需求越高。经济发展水平越高，产业结构趋于优化，企业的规模和数量都会有所增长，对于会计人员的数量需求也会越多。同时，随着经济的增长，经济业务更加复杂，对于会计人员职业能力的要求也会持续提高，这会进一步影响会计人员的需求结构。此外，经济的增长亦会促进技术的进步，随着智能技术的发展，对于会计人员所需具备的能力也提出了更高要求。会计人员不仅要掌握会计准则、税收法规等相关会计知识，还需要掌握信息技术的应用，甚至可能还需要具备简单的编程能力。

另一方面，经济增长会影响会计人员供给的数量与结构。经济增长直接影响财政收入与教育投入。教育投入的增加既会增加学历教育会计专业人员的数量供给，又能通过调整专业布点、学历学位布点结构、专业人才培养方案内容等调整会计专业人员的供给结构，提高会计从业人员供给的质量水平。教育结构、产业结构与经济增长彼此联系。教育结构的优化调整会进一步促进经济增长。从理论上讲，教育结构应具有一定的前瞻性，其对于专业与学历层次的布局应前瞻于产业结构，才能有效调整就业结构，提高就业质量水平，促进经济增长。但从各国实践来看，教育结构有

① 财政部会计资格评价中心：《我国会计人才供求状况研究报告》，http：//kuaiji. firstacc.cn/a/20161022/5196. html.

一定固化趋势，教育结构的调整通常会滞后于产业结构的发展，教育的发展可能不能产生即时的经济增长效应，而是存在一定的滞后性。袁富华（2015）经过研究发现，日本和韩国经过15年的高层次教育资源的投入，之后才有产业效率的持续提高和创新机制的形成。具体到会计专业而言，目前全国布点较多，招生规模较大，但是否真正符合未来经济发展需要，仍有很多值得研究与探讨的地方。

二、会计职业发展动力机制

按照职业发展规律，会计职业的发展阶段可以分类为初入职场、职业成长及职业成熟三个阶段。除了宏观经济因素影响外，教育特征、职位特征与支持资源构成了个体职业发展的微观动力机制体系。

会计的职业发展阶段不同，各类特征的影响也各有不同。只有区分会计从业者的不同职业发展阶段，才能更好地研究会计从业者的职业能力特征及影响因素。在此基础上，可以根据不同职业发展阶段会计从业者的职业能力需求，设计有针对性的学历教育体系及职业培训体系。

1. 职业发展阶段

由于会计专业的岗位众多，既包括一般企业的出纳、会计、财务管理分析、会计主管、财务经理及财务总监等岗位，也包括会计师事务所的审计助理、项目经理、部门经理和合伙人等职位。此外，还有内审、咨询等其他类岗位。可见，会计专业的岗位分类具有一定复杂性。尽管从通用的职业发展阶段来看，财务总监是职业发展的高阶阶段，但对于每个个体而言，由于外在背景特征和个人职业能力特征的不同，其职业成熟阶段未必会定位于财务总监岗位，可能是普通会计人员，也可能是会计主管岗位。在会计职业发展的各个阶段中，初入职场阶段是指毕业后1~3年、职业成长阶段时间跨度较长，一般可以界定为毕业后3~10年，之后即进入职业成熟阶段。职业成长阶段，职级晋升及薪酬水平处于快速增长阶段，其增长水平高于职业成熟阶段。职业成长阶段与职业成熟阶段另外一个显著的区别在于，职业成长阶段会计人员与雇主谈判时，处于相对劣势状态，需要积极争取方能获得相对满意岗位，职业发展处于上升期。但在职业成熟阶段，会计人员选择工作余地较大，与雇主谈判时，处于相对优势状态，可能比较容易获得相对满意的岗位，职业发展处于平稳期。当然，对于不同的个体而言，相对满意的岗位各有不同。按不同的职业成长阶段进行研究，可以分析不同会计人员职业成长的规律，为教育体系及会计职业证书体系的构建提供支撑依据。

2. 发展动力机制

如图1－1所示，个人职业发展动力机制包括三个层面：教育特征、职位特征与支持资源特征、教育特征主要指学历教育特征与职业培训特征。学历特征主要包括学历、学习成绩等。职业培训特征主要包括单位和个人培训时间、取得的各类职称和执业资格证书（例如会计职称类证书、注册会计师证书、管理会计师证书等）。

即使是同一职位，其所在行业不同、地区不同、企业不同，工作内容和薪酬待遇等都有可能存在显著差异。所以，应将行业、地区、企业性质、企业规模、职位层级等因素均纳入职位特征予以研究。

对于个体而言，支持资源主要有两个来源途径：学校和家庭。学校类别不同（学校声誉度水平特征，例如是否双一流学校、双一流专业、特色高水平学校等）、校友资源不同，可以为个体提供的支持资源有所不同。家庭资源，诸如户籍地等也是影响个体职业发展的重要支持资源。

3. 发展动力机制与职业发展阶段

整体而言，教育特征、职位特征与支持资源特征在职业发展的各个阶段都会相互作用，共同影响着职业发展，但是在各个阶段，不同特征所起的作用可能有所不同。

在初入职时，教育特征和支持资源可能更加重要，但随着工作年限延长，教育特征和支持资源的作用会趋于弱化，职业经验的作用日趋增强，职位特征的作用日益凸显。在初入职场阶段，学校声誉特征、个人特征（成绩、是否学生干部）等会直接影响工作机会及可以取得的职位特征。在这一阶段，个人由于尚不具备工作能力与工作经验，所以个人职业能力特征影响甚微，学校整体声誉特征被视作是对个人能力特征的替代。但到了职业成长阶段，学校背景特征、家庭背景特征和教育经历特征逐渐弱化，个人职业能力特征逐渐凸显。到了职业成熟阶段，既往工作经验及工作能力则会成为影响职位及薪酬水平的重要因素。

三、会计职业契合度水平及其经济后果

会计职业契合度水平包括宏观与微观两个层面。宏观层面是指会计行业的整体供给规模与结构是否与需求相匹配，主要由基于经济增长的宏观供需框架决定。微观层面的契合度主要由职业发展动力机制的教育特征与职位特征的匹配决定。

1. 契合度水平的测度—过度教育

契合度水平通常用过度教育来测度。过度教育这一概念最早由美国教育学家弗里曼提出。过度教育涵盖宏观和微观两个层面，微观层面通常又包括纵向的“高学低用”及横向的“所学非用”。

宏观层面的过度教育是指从行业与职业整体层面分析的人才供给与需求之间的不均衡状态。在本书研究框架中，基于会计人员供需框架的分析，可以合理分析宏观层面是否存在过度教育。宏观供需框架分析包括规模与结构两方面，供需规模不匹配或结构错配，都是导致过度教育（或教育不足）现象的重要原因。当宏观层面供过于求或供需结构错配时，由于供给调整具有滞后性，就会出现部分人员被被迫从事低于教育水平的工作，进而出现过度教育。由于会计专业属于招生规模最多的专业之一，因而关于会计人员过剩的消息不绝于耳。近年来财经类院校招生分数线的下降，更是反映了社会对于财经类专业就业形势的隐忧。

关于微观层面纵向的“高学低用”，普遍认为可以从三个方面对过度教育予以认定：收入是否比以前同岗位的人有所降低、职业期望是否得以实现、工作中技能是否得到运用（Tsang，1985）。贝尔菲尔德（2007）则基于机会成本的角度对过度教育进行了界定，当教育回报低于其机会成本时被视为过度教育。机会成本是不用于教育投资而用于工作经验或休闲时

间的收益。从这个定义出发，可以引发关于学历教育的思考：诸如专升本、考研及读博所带来的成本是否可以超过其工作所带来的收益？会计专业的研究生与博士学历教育是否存在过度教育？高职教育是否存在教育不足？微观层面纵向的“高学低用”，主要可以通过对不同岗位学历需求层次的调研及会计人员的主观判断确定。

微观层面横向的“所学非用”，是指专业不对口，这通常被认为是对教育资源的浪费，但国内外研究少有涉及。所学非用不是很好定义，因为单纯从专业的角度来看，例如学了工程专业去做了销售，未从事原来专业表面上是所学非用，但是工程专业学习的知识未见得对销售完全没有帮助。此外，还是要回归教育本质，大学教育究竟是着重于培养学生的学习能力与职业素养，还是单纯专注于职业技能。这对于高等教育，尤其是专科与本科教育至关重要。对于会计专业而言，现在很多高职院校仍然强调单纯的职业技能，是否弱化了学生的未来职业发展基础？微观层面横向的“所学非用”可以用会计专业毕业学生的就业岗位相关性来测度。

2. 契合度水平的经济后果

在宏观供需框架及微观动力机制共同作用下，个体的职业成就可以通过薪酬与职业满意度水平予以评价。职业薪酬与满意度水平一方面受限于宏观框架下供需规模与结构的整体契合度水平，另一方面取决于个体教育特征与职位特征的匹配程度。一般认为当行业整体供过于求时，行业平均薪酬水平就会低于社会平均水平，自然也会影响职业满意度水平。

相比而言，由于个体特征各异性，微观层面关于薪酬水平与职业满意水平的作用机制及路径相对复杂，仍然存在很多需要进一步研究的问题，诸如：契合度水平是如何影响薪酬水平与职业满意水平的？其内在机制及作用路径如何？工作经验的增长是否可以弥补学历教育的不足？现有劳动力市场是否存在对于低学历者，例如高职教育的歧视？

第三节　研究思路及内容安排

本书的研究思路及内容安排如图 1－2 所示。

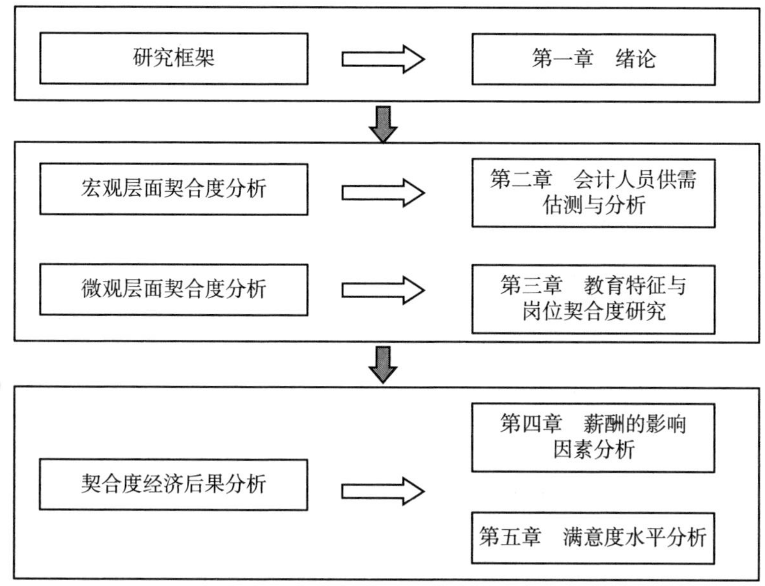

图1-2　研究思路及内容

1. 宏观层面契合度分析

本书第二章拟基于宏观经济要素，对会计人员的供需规模与结构情况进行综合分析。本书将借鉴财政部会计资格评价中心发布的《我国会计人才供求状况研究报告》，基于上市公司数据、调查问卷数据，职友集招聘网数据，将经济增长、就业人数等宏观因素纳入会计专业人员需求分析框架，估算会计专业人员需求数量。通过分析北京市教委对会计专业的布点结构及招生人数，确定会计人员的供给数量。

单纯对比会计人员供给与需求数量，可能会出现结构上的错位与差异。按照经济学定律，供给与需求决定价格，薪酬水平可以看作是供给与需求博弈的定价机制。所以，可以将薪酬定价作为测度会计人员供需结构平衡的重要机制。当供给大于需求时，薪酬水平下降，反之则上升。当会计某一类别岗位供给大于需求时，岗位薪酬水平会低于社会平均工资水平，反之会高于社会平均工资水平。通过岗位平均工资与社会平均工资水平的比较，确定不同类别会计岗位的供需结构匹配程度。

2. 微观层面契合度分析

本书第三章拟构建教育特征与职位特征的契合度分析框架，并以此为基础对过度教育的影响因素进行分析。通过分析过度教育、职业培训与工作经验的影响效应，厘清三类要素的生产与信号功能，并为职业教育发展提供有效建议。

本书第三章数据既包括就业不足一年的学生调查数据，也包括财务总监数据，涵盖了会计专业不同职业发展阶段，因而可以更加准确地刻画学历教育、职业培训与工作经验的影响效应特征。

3. 对契合度水平的经济后果进行实证研究

本书第四章拟对教育特征与职位特征契合度水平的经济后果，即就业薪酬进行实证检验，并分析个人特征的直接影响效应及基于职位特征的中介效应。同时，基于调查问卷数据与上市公司财务总监数据对学历、工作经验与职业培训三者对于薪酬的影响效应进行实证检验。

通过对薪酬的影响因素进行分析，以期为资源配置决策、例如：个人的教育投资决策、企业的雇佣和培训投入决策、政府层面关于教育资源投入及配置决策，提供有益建议。

本书第五章拟基于工作要求—控制—支持模型（JDCS 模型），构建职业满意度框架与母校推荐度水平框架，对关于职业满意度框架与母校推荐度水平的直接作用路径与间接作用路径进行实证检验，界定重要影响因素，以期为提高职业满意度水平与母校推荐度水平提供有效建议。

第二章 会计人员供需估测与分析

会计专业人才对于经济发展意义重大。然而会计专业招生规模持续扩大，会计专业人才需求规模究竟如何定量估算，会计职业市场究竟是处于供过于求还是供不应求状态？这对于会计人员管理及会计专业招生规模政府决策意义重大，但相关研究却少有涉及。本书拟在分析现有研究的基础上，引入宏观经济因素，对会计人员供需框架进行多维度分析，以期为政府主管部门对会计人员管理提供政策依据，也为会计专业招生规模提供有效参考。

按照中国人力资源和社会保障部的统计分析数据，从我国人力资源和社会保障部发布的2018年第四季度部分城市公共就业服务机构市场供求状况分析可以看出，上海、沈阳、郑州、长春财会人员岗位供给均小于需求，同时，其中上海需求与供给比值均为1∶3，沈阳为1∶2，郑州为1∶3，长春为1∶2。财务人员供给大于需求的趋势可见一斑。那么，究竟我国会计就业岗位是处于供过于求态势，还是供不应求状态呢？具体到北京地区，又究竟如何呢？

本章拟构建会计人员供需分析框架，并在此基础上对会计人员的供需数量、供需结构等进行分析，为第三章、第四章与第五章的实证检验奠定宏观研究基础。

第一节　会计人员供需框架分析

一、供需结构的宏观因素分析

如图2-1所示，在现有技术水平下，资本与劳动的投入构成了经济增长的基础。宏观的经济增长是由微观的生产活动构成和驱动的。按照柯布—道格拉斯生产函数，生产的投入包括劳动与资本两类要素。劳动和资本的配置及产出效率在很大程度上取决于技术水平。技术水平决定了资本与劳动投入的规模、比率及产出效率。随着技术水平的持续增长，物质资本投入与劳动投入的配比结构会不断调整和变化，进而不断提高生产效率。当技术水平较低时，每一单位的产出会需要相对较多的资本投入与劳动投入，且劳动投入的比率会相对较高。例如，在第一次工业革命之前，生产技术水平较低，相比第一次工业革命之后，单位产出所需的物质与人力资本的投入会相对较多，整体生产效率会相对较低。但随着人工智能技术的发展，生产效率会有大幅提升，就有可能降低对生产对劳动力的吸纳效应。所以，关于技术进步对于就业的影响效应，现有研究有两种不同观点：一种观点认为技术进步对于就业有破坏效应，即技术进步会阻碍就业，降低就业规模（Zimmermann，1991）；另一种观点认为技术进步能扩大就业规模（Bharat. Trehan，2003）。

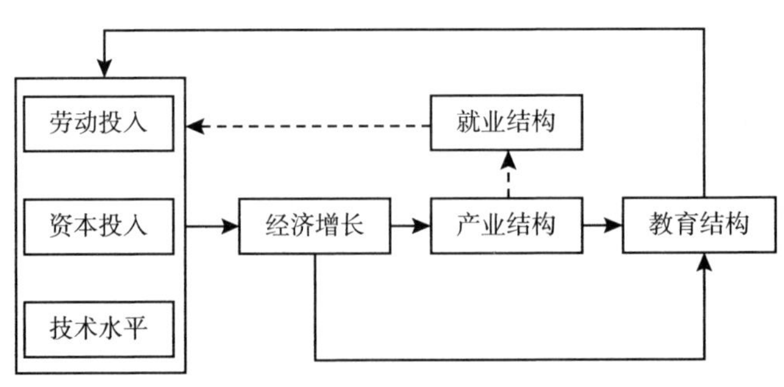

图2-1　供需结构的宏观因素分析框架

根据索洛模型，经济增长率与就业增长率的变动趋势具有一致性，因而经济增长会促进就业需求的增加。经济增长主要通过对产业结构的影响调整就业结构。配第克拉克定理认为随着经济的发展，第一产业的国民收入与就业人数会逐渐下降，第二产业与第三产业的国民收入与就业人数会持续上升。这一结论也确实得到了不同发展时期各个国家和地区经济数据的验证。克拉克认为收入弹性差异和投资报酬差异决定了产业结构与就业结构的发展，而库兹涅茨认为是产业结构带动了就业结构的调整，而产业结构的变动则是源于各产业在国民经济产值中的比重。

经济增长通过对教育结构的影响，可以进一步改变人力资本的供给结构与质量水平，其对教育结构的影响包括直接与间接两个途径。一方面，经济增长会增加教育投入，从而直接影响教育结构；另一方面，经济增长会改变产业结构，提出新的人才需求，进而会影响教育结构。教育结构在调整时，通常需要考虑产业结构变化的需要。

当然，教育对于经济增长有着重要的促进作用（王敏、王青，2017）。一方面，在产业结构不断调整的过程中，教育的投入可以提高就业人员素质、技术水平等，改变就业结构，提升产业发展水平，进而促进经济增长；另一方面，教育领域的重大研究成果，可以直接转化为生产力，提升产业发展水平。

二、会计人员供需框架分析

具体到会计专业而言，经济的发展奠定了会计人员的供给需求的宏观分析框架。一方面，经济的增长可以促进产业发展，影响会计人员需求规模与结构；另一方面，经济增长会增加教育投入，改变教育规模与结构，影响会计人员的供给规模与结构。基于前文已经论证的宏观因素分析框架构建会计人员供需分析框架，如图 2 -2 所示。

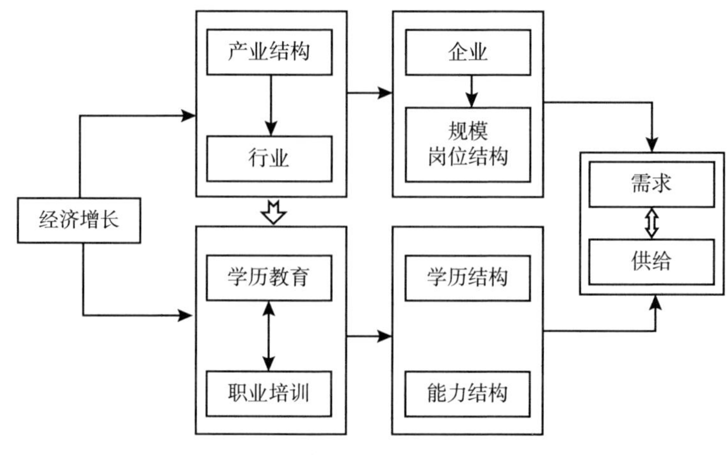

图 2－2　会计人员供需分析框架

对于会计岗位的供给与需求分析应纳入宏观经济分析与产业结构分析的框架下完成。经济越发展，会计行业越发展，这已成为共识。经济增长对就业增长的促进作用是显而易见的。会计职业作为职业岗位之一，其就业人数的增长与宏观经济的增长密不可分。

1. 会计人员需求分析

经济增长主要通过对产业结构和企业的影响，作用于岗位需求规模和结构。在产业结构分类的基础上可以进一步进行行业分类。行业对于会计人员规模及结构的影响主要表现在如下四方面：第一，行业的发展水平决定了行业内企业的数量与规模。处于成长与发展期的行业，其内部企业的规模与数量也会持续增长，从而包括会计在内的就业人数也有所增长。反之，处于衰退期的行业，其内部企业增长的压力会很大，甚至于可能陷入衰退和破产的境地，这必然会导致就业人数的减少。第二，行业决定了企业业务的复杂程度，企业业务越复杂，财务部门工作量就越大，从而企业所需的会计人员规模就越大，对于会计人员的整体要求也会越高。第三，各行业信息化程度与技术水平有所不同，这必然会影响业务流、信息流及资金流的流转速度，进而会影响财务工作的工作效率，财务工作的效率越高，会计人员所需数量就会越少。第四，同一行业内各个企业在设置部门岗位时，可能会存在同行业的参照效应，从而同一行业内不同企业，尤其是规模相近企业，可能存在一定的趋同性。

企业对于会计人员规模的影响主要包括三方面：第一，企业规模越大，监督成本就越高，财务作为企业治理和监督体系的重要构成部分，财务部门规模就会越大；第二，直观而言，企业规模越大，业务规模就会越大，财务工作相对越多，因而对于会计人员的数量需求也会越多；第三，企业的性质不同可能会影响财务部门人员的流动机制，进而会影响财务部门的变动及规模。例如国有企业的财务部门规模可能相对较大，且受限于制度体系等方面原因，其变动可能相对不如民营企业灵活。当然，由于大型国有企业更容易吸引高水平会计人才进入，从而财务部门效率可能相对较高，因而相比于民营企业而言，其增长速度可能会更慢。

此外，外部监管要求也会影响会计人员规模及结构需求，主要包括两方面：一方面，外部监管机构，例如证监会等政府机构对于会计信息质量的监管要求越高，对于财务部门的工作质量要求就越高，财务部门的规模及会计人员职业能力需求水平就会越高；另一方面，由于财务部门会计工作会受到企业会计准则及相关法规的影响，会计准则和相关法规复杂程度越高，会计人员的工作量就会越大，并进而影响到会计部门的人员规模及专业能力需求。

2. 会计人员供给分析

经济增长也会对会计人员的供给产生重要影响。职业培训与学历教育是从业人员具备会计专业能力的重要路径。学历教育的规模与结构取决于教育投入，而教育投入的规模与能力则主要取决于经济发展水平。会计专业布点数与规模目前在各类专业中均居于前列，与教育投入密不可分。除了学历教育外，职业培训也会使从业人员具备或提升会计职业能力，从而形成有效会计从业人员供给。会计人员岗位的供给包括三部分人员：第一部分是已从事会计及相关岗位的人员，即会计岗位的存量人员；第二部分是没有经历过会计专业的学历教育，但取得会计职称证书及注册会计师执业资格证书的人员；第三部分是会计专业毕业的学生。当然，这三部分人员在数量上存在一定的交叉与重叠，在研究时可以基于增量进行供给研究与分析。

教育主管部门在进行专业及学历布点时，还应考虑产业结构和技术水平的变化趋势。基于产业结构对专业布点数、学历层次分布及招生规模进行优化调整，才能实现会计专业人员的有效供给。

第二节　会计人员需求数量分析

如图 2－2 供给需求分析框架所示，会计人员需求由宏观经济发展、产业结构和经济发展对于微观企业数量和规模的拉动所致。关于北京地区会计就业人数，目前尚未查到公开权威数据。但可以借鉴财政部会计资格评价中心发布的《我国会计人才供求状况研究报告》，基于相应年度地区生产总值、行业就业人数、北京的法人单位数量，分析会计人员需求与地区生产总值、行业就业人数与法人单位数量之间的数量关系及其变化趋势，并以为基础测算相关年度北京会计人员实际需求情况。

一、基于 GDP 增长测算会计人员需求

《我国会计人才供求状况研究报告》经过回归分析，得到会计人才需求与 GDP 之间的数量关系为：ln（会计从业人数）＝－3.96＋0.81ln（GDP），即会计人才需求的 GDP 弹性系数为 0.81，回归结果可信。也就是说，在 2000～2010 年，各省份每 1 个百分点的 GDP 增长，会带来会计人员增长 0.81 个百分点。

依据 2010 年北京市第六次人口普查资料，会计人员有 30214 人，其中，男性为 6226 人，女性为 23988 人。由于数据为 10% 取样所得，所以估计北京市会计人员数据在 30 万余人（30214/10%）以上。被调查人员中，女性占比 79.39%。基于北京地区 GDP 增长比率，乘以 0.81 即为会计就业人数的增长率。具体估算如表 2－1 所示。

表 2－1　　基于 GDP 增长测算的会计从业人员规模

规模	2010 年	2011 年	2012 年	2013 年	2014 年	2015 年	2016 年	2017 年	2018 年
GDP 增长率（%）		8.10	7.70	7.70	7.40	6.90	6.80	6.70	6.60
会计从业人数	302140	321963	342044	368626	396102	423999	453287	483821	515927

注：GDP 增长率来源于北京市统计局各年度国民经济和社会发展统计公报。

计算过程为：2011 年会计从业人数 = 2010 年会计从业人数 ×（1 + GDP 增长率 ×0.81）

= 302140 ×（1 + 8.1% ×0.81）

= 321963.4（人）

基于上述计算过程，可以得出 2012～2018 年会计人员规模，结果如表 2－1 所示。

二、基于行业就业人数测算会计人员需求

由于会计人数就业数据无法直接取得，为了更好地分析行业就业人数与会计人员规模的相关性，可以以上市公司会计人数规模与就业人员规模分析为基础，建立对会计从业人员需求估测模型。本部分中员工总数及会计人员数据均来自锐思数据库（www.resset.cn），北京市就业人数取自于统计年鉴。由于在数据库中部分会计人员数据包含运营或其他部门人员，对会计人员数量及员工总数数据进行 1% 缩尾处理。本部分数据处理软件为 stata15，所有数据计算均剔除数据缺失样本。

1. 上市公司会计人员规模分析

（1）分类别上市公司会计人员状况分析。

从目前上市公司来看，可以分为沪深 A 股主板上市公司、中小板公司与创业板公司。从整体企业规模来看，沪深 A 股主板上市公司的整体规模较大。

随着经济的增长，企业规模扩大，对于会计人员的需求也会越来越

多。上市公司 A 股主板、中小板公司、创业板公司会计人员的平均数如表 2－2。

表 2－2　　公司会计人员平均数量　　单位：人

类别	2009 年	2010 年	2011 年	2012 年	2013 年	2014 年	2015 年	2016 年	2017 年
创业板	26	21	28	27	33	33	32	35	35
中小板	47	48	52	56	62	65	68	69	70
沪深 A 股主板	79	90	96	95	101	104	102	106	97

注：①会计人员数据通过锐思数据库（www. resset. cn）整理所得。②本表对人数平均值进行了取整处理。

从表 2－2 可以看出，在沪深上市的 A 股主板公司会计人员平均数大于中小板公司与创业板公司，这表明会计人员规模与公司规模呈现正比趋势，公司规模越大，则会计人员规模越大。同时，也可以看到随着 2009～2016 年经济增长，会计人员规模也呈现上涨趋势，这也在一定程度佐证了经济增长对于会计人员需求的正向激励作用。

员工总数在一定程度上可以表征公司规模，所以会计人员与员工总数的比例在一定程度上可以测度会计人员规模与企业规模的相关性。会计人员占员工总数分年度比例如表 2－3 所示。

表 2－3　　会计人员占员工总数分年度比例　　单位：%

类别	2009 年	2010 年	2011 年	2012 年	2013 年	2014 年	2015 年	2016 年	2017 年
创业板	4. 70	3. 37	3. 80	3. 60	3. 64	3. 52	2. 98	3. 10	2. 95
中小板	2. 95	2. 75	2. 85	2. 77	2. 76	2. 78	2. 95	2. 94	2. 87
沪深 A 股	3. 77	3. 85	3. 67	3. 62	3. 60	3. 64	3. 51	3. 51	3. 50

注：员工总数数据来自锐思数据库（www. resset. cn）。

从表 2－3 可以看出，除个别年度外，沪深 A 股会计人员占比相对较高，但呈现下降趋势。中小板的占比较低，但趋势比较稳定。三类公司中，创业板的会计人员占比波动较大，这可能与创业板公司尚未步入成熟稳定期的发展阶段相关。

会计人员绝对人数的增加和相对比例的下降，一方面，说明了随着近年来外部监管力度加大，会计人员在企业中受到的重视程度有所上升，因而绝对规模有所增长；另一方面，可能是因为信息技术的发展，会计人员工作效率有所提升，导致其增长速度滞后于企业规模的扩张，从而导致相对比例的下降。

基于北京各年度从业人员规模及各类公司会计人员比例，估算会计人员规模，如表 2 -4 所示。

表 2 -4　　北京市会计从业人员估算　　单位：万人

类别		2009 年	2010 年	2011 年	2012 年	2013 年	2014 年	2015 年	2016 年	2017 年
北京从业人员		998.3	1031.6	1069.7	1107.3	1141.0	1156.7	1186.1	1220.1	1246.8
创业板	比例（%）	4.70	3.37	3.80	3.60	3.64	3.52	2.98	3.10	2.95
	估测数	46.9201	34.7649	40.6486	39.8628	41.5324	40.7158	35.3458	37.8231	36.7806
中小板	比例（%）	2.95	2.75	2.85	2.77	2.76	2.78	2.95	2.94	2.87
	估测数	29.4499	28.3690	30.4865	30.6722	31.4916	32.1563	34.9900	35.8709	35.7832
沪深 A 股	比例（%）	3.77	3.85	3.67	3.62	3.60	3.64	3.51	3.51	3.50
	估测数	37.6359	39.7166	39.2580	40.0843	41.0760	42.1039	41.6321	42.8255	43.6380
估测数平均值		38.0020	34.2835	36.7977	36.8731	38.0333	38.3253	37.3226	38.8398	38.7339

注：2009 年基于创业板估测的会计人员规模 = 998.3 × 4.70% = 46.9201（万人）。
资料来源：北京市统计局，《北京统计年鉴》。

整体看来，表 2 -4 中估测的会计人员规模低于表 2 -1 中经济增长估算的规模。

（2）分行业上市公司会计人员状况分析。

基于前述分析框架，不同行业之间各公司的会计人员规模存在一定差异。限于篇幅，本书仅以沪深A股主板上市公司为例，分析不同行业公司会计人员的规模及不同年度差异。

从表2－5中可以看出，平均会计人员人数较多的行业主要包括：住宿和餐饮业；农、林、牧、渔业；批发和零售业；文化、体育和娱乐业等。这一方面取决于这些行业的营业特点，例如经营区域分散性特征；另一方面，可能是由于统计口径的原因，例如将诸如收银员等类似岗位归入会计人员范围，而导致了其会计人员规模存在被夸大的情形。尽管如此，上述数据仍然表明各行业之间的平均会计人员规模存在明显差异。

表2－5　不同行业企业会计人员平均数值　　单位：人

证监会行业门类名称	2009年	2010年	2011年	2012年	2013年	2014年	2015年	2016年	2017年
交通运输、仓储和邮政业	162	87	98	101	118	132	94	119	135
住宿和餐饮业	134	171	272	321	197	123	150	234	418
信息传输、软件和信息技术服务	79	88	90	84	76	75	86	80	113
农、林、牧、渔业	128	143	148	82	89	109	137	138	163
制造业	76	87	92	91	100	98	93	92	74
卫生和社会工作	40	38	71	86	98	100	121	141	187
建筑业	76	67	60	124	110	110	128	137	98
房地产业	51	62	70	64	76	77	96	108	145

续表

证监会行业门类名称	2009年	2010年	2011年	2012年	2013年	2014年	2015年	2016年	2017年
批发和零售业	101	134	132	135	124	166	155	171	153
教育	48	29	49	42	43	68	48	160	168
文化、体育和娱乐业	69	152	178	135	131	170	147	201	195
水利、环境和公共设施管理业	41	59	69	125	104	78	64	81	73
电力、热力、燃气及水生产	61	72	67	75	93	91	105	107	99
科学研究和技术服务业	16	29	20	38	31	35	44	33	25
租赁和商务服务业	66	86	102	83	90	116	111	141	146
综合	79	43	72	46	35	36	36	47	49
采矿业	130	137	152	142	146	160	146	137	101
金融业	60	93	96	106	107	117	137	140	150

注：表中数据根据锐思数据库（www. resset. cn）会计人员数据进行平均值计算得出。

从2017年会计人员占比来看，租赁和商务服务业占比最高为8.07%，教育类公司占比最低为1.92%（见表2－6），行业间差异较大。所以基于行业估计预测会计人员需求规模有一定合理性。

表 2－6　　不同行业会计人员占员工总数分年度比例　　单位：%

证监会行业门类名称	2009 年	2010 年	2011 年	2012 年	2013 年	2014 年	2015 年	2016 年	2017 年
交通运输、仓储和邮政业	3.02	3.91	3.78	4.62	3.84	3.60	3.35	3.55	3.59
住宿和餐饮业	5.63	7.05	6.33	6.26	6.10	6.10	6.83	5.22	4.91
信息传输、软件和信息技术服务	4.30	4.78	4.86	3.77	3.55	3.51	3.65	3.25	3.05
农、林、牧、渔业	5.01	4.94	3.83	5.19	6.56	4.37	4.03	3.97	4.66
制造业	2.48	2.50	2.41	2.43	2.36	2.48	2.39	2.46	2.44
卫生和社会工作	9.75	10.72	10.07	7.06	7.88	6.99	3.17	3.60	3.53
建筑业	6.14	5.66	5.46	4.46	4.91	6.66	5.72	5.12	5.44
房地产业	7.66	7.36	7.40	7.10	7.35	7.08	7.50	7.88	7.26
批发和零售业	6.00	5.97	5.78	6.15	6.02	6.09	5.74	5.55	5.10
教育	4.72	12.41	5.38	5.00	6.36	2.19	1.23	1.51	1.92
文化、体育和娱乐业	5.45	4.80	3.98	5.78	5.20	5.48	6.17	5.35	5.30
水利、环境和公共设施管理业	4.26	5.26	6.46	6.64	6.33	5.93	5.44	4.43	4.97
电力、热力、燃气及水生产	3.87	3.90	3.64	2.99	3.17	3.41	3.43	3.67	3.80
科学研究和技术服务业	5.19	1.70	2.25	3.07	3.11	3.09	2.82	3.20	2.05

续表

证监会行业门类名称	2009年	2010年	2011年	2012年	2013年	2014年	2015年	2016年	2017年
租赁和商务服务业	5.23	4.54	5.69	6.82	5.31	6.33	7.26	7.53	8.07
综合	4.61	4.22	3.85	4.54	4.88	5.05	4.64	5.05	6.77
采矿业	2.36	2.98	2.65	2.16	2.81	2.11	2.26	2.05	2.63
金融业	4.94	4.26	3.75	4.01	4.51	5.13	3.55	4.31	6.18

注：员工总数数据来自锐思数据库（www.resset.cn）。不同行业会计人员占员工总数分年度比例通过STATA软件计算，并分行业取平均值。

在各行业会计人员绝对数值与相对比例分析过程中，不难发现，无论是绝对数量还是相对比例较高的企业多隶属于人力资本密集型行业，所以技术水平和业务经营特点的差异是导致不同行业间会计人员规模差异的重要原因。

要说明的是，上市公司居民服务、修理和其他服务业和公共管理、社会保障和社会组织没有相应的数据，所以用综合类数据替代。表2－7中数据由北京市各行业就业人数（资料来源：《北京市统计年鉴》）乘以表2－6中比率计算而得。但是，明显看出基于各行业就业人员计算出的会计人员规模数据大于不区分行业测算的数据。

表2－7　　分行业会计人员规模估测　　单位：万人

证监会行业门类名称	2013年	2014年	2015年	2016年	2017年
农、林、牧、渔业	0.2558	0.1835	0.2055	0.1945	0.2144
采矿业	0.1911	0.1308	0.1198	0.0943	0.1105
制造业	3.1435	3.2215	2.8441	2.7232	2.5474
电力、热力、燃气及水生产	0.2885	0.2933	0.2950	0.3487	0.3610

续表

证监会行业门类名称	2013 年	2014 年	2015 年	2016 年	2017 年
建筑业	2.9853	4.2424	3.7981	3.4662	4.0365
批发和零售业	7.3805	7.4907	7.4333	7.0763	6.6198
交通运输、仓储和邮政业	2.5152	2.3976	2.2378	2.2756	2.2832
住宿和餐饮业	2.8182	2.6901	2.9096	2.1924	2.1751
信息传输、软件和信息技术服务	2.8187	2.9624	3.3653	3.0193	3.0988
金融业	1.8266	2.3547	1.8070	2.3188	3.5041
房地产业	3.8220	3.7099	4.0275	4.6492	4.2689
租赁和商务服务业	5.8145	7.8745	10.3745	12.7106	14.0015
科学研究和技术服务业	2.4600	2.5554	2.4957	3.1936	2.1894
水利、环境和公共设施管理业	0.7216	0.6997	0.6746	0.5670	0.6560
居民服务、修理和其他服务业	0.8686	0.8686	0.8166	0.9191	1.2660
教育	3.1482	1.0731	0.6236	0.7912	1.0330
卫生和社会工作	2.0567	1.8803	0.9130	1.1016	1.1120
文化、体育和娱乐业	1.1960	1.2494	1.4191	1.2519	1.2508
公共管理、社会保障和社会组织	2.2204	2.3584	2.1669	2.3735	3.2361
合计	46.5314	48.2365	48.5269	51.2670	53.9642

（3）国有与非国有公司会计人员状况分析。

基于前述分析框架，不同性质公司的会计人员规模存在一定差异。限于篇幅，本书仅以沪深 A 股主板上市公司为例，分析国有与非国有公司会计人员的规模及不同年度差异。

从表 2 -8 中可以看出，国有企业的平均会计人员高于非国有企业，这主要可能是因为国有企业具备规模优势。并且，国有企业与非国有企业的会计人员规模自 2009 年以来均呈现上涨趋势。

表 2-8　　国有与非国有公司会计人员平均数值　　单位：人

类别	2009 年	2010 年	2011 年	2012 年	2013 年	2014 年	2015 年	2016 年	2017 年
非国有	63	74	78	77	78	87	80	79	73
国有	92	102	110	111	120	120	124	136	129

注：会计人员数据来自锐思数据库（www. resset. cn）。国有与非国有公司会计人员平均数值通过 STATA 软件计算。

从表 2-9 可以看出，非国有企业会计人员占员工总数比例波动趋势较大，而国有企业由于制度和体制原因，人员相对稳定。但是非国有企业在 2016 年度和 2017 年度与国有企业所占比例有趋同趋势，这在一定程度上可能表明国有企业会计人员的规模是相对合理的。

表 2-9　　国有与非国有公司会计人员占员工总数比例　　单位：%

类别	2009 年	2010 年	2011 年	2012 年	2013 年	2014 年	2015 年	2016 年	2017 年
非国有	4. 11	4. 27	3. 85	3. 93	3. 97	4. 03	3. 75	3. 49	3. 49
国有	3. 51	3. 53	3. 51	3. 37	3. 29	3. 28	3. 27	3. 51	3. 51

2. 会计人员回归模型分析

在上述分析的基础上，建立回归模型，对会计人员规模与公司员工总人数规模进行相关分析，实证检验回归模型系数，以此作为估测会计人员需求的基础。

（1）分类别上市公司会计人员回归模型。

为了检验不同类别上市公司会计人员规模与公司总人数规模的回归关系，建立回归模型：

$$NACCOU = a_0 + a_1 \times NEMPLYO + a_2 \times STATE + a_3 \times DUMMY\_N \qquad (2.1)$$

NACCOU：会计人员人数

NEMPLYO：公司员工总人数

STATE：虚拟变量，国有企业为 1，非国有企业为 0

DUMMY_N：行业虚拟变量

为了检验不同类别上市公司的影响，基于模型（2.1）分别对创业板、中小板和深沪 A 股公司进行回归，回归结果如表 2-10 所示。

表 2-10　　模型（2.1）回归结果

类别		系数	t 值	Adj R-squared	样本规模	样本期间
创业板	NEMPLYO	0.011812***	29.1	0.364	2986	2009~2017 年
	STATE	-4.33468	-1.35			
中小板	NEMPLYO	0.015517***	59.23	0.4309	6186	2004~2017 年
	STATE	1.842684	0.77			
深沪 A 股	NEMPLYO	0.014676***	143.12	0.5341	18996	1999~2017 年
	STATE	-0.15661	-0.13			

注：*** 表示系数在 1% 的水平显著。

从表 2-10 中可以看出，是否国有与会计人员规模回归结果并不显著，但是公司员工总人数与财务部门人数呈现正相关关系，且均在 1% 的水平上显著。深沪 A 股的系数小于中小板，但相差不大，创业板的员工总人数系数显著低于其他公司，这可能是因为外部监管环境和企业规模的差异所导致的。

在各类公司中，新三板企业较为特殊，无论是交易机制，还是盈利能力和规模与主板公司、创业板和中小板相比均有很大差异。所以在模型 2.1 的基础上进一步回归分析，由于国有企业性质在上述回归模型中并不显著，所以新三板企业回归中未考虑企业性质这一因素，回归模型如表 2-11 所示。

表 2-11　　新三板公司回归结果

		系数	t 值	Adj R-squared	样本规模	样本期间
新三板	NEMPLYO	0.0133967***	37.10	0.3300	2794	2006~2017 年

对于新三板企业而言，员工总人数增长 1 个百分点，会计人员增长 0.013 个百分点。从上述各类公司回归分析中，可以看到尽管规模及数据样本区间有所不同，但回归系数在 0.011 ~ 0.015 之间，尽管存在差异，但尚在可接受范围内。在表 2 – 12 中，以表 2 – 4 测算的 2009 年会计人员平均数 38.0020 万人为基础，以回归模型中深沪 A 股的回归系数 0.014676 为基础进行测算，测算结果如表 2 – 12 所示。

表 2 – 12　　北京市会计从业人员估算　　单位：万人

项目	2009 年	2010 年	2011 年	2012 年	2013 年	2014 年	2015 年	2016 年	2017 年
北京从业人员	998.3	1031.6	1069.7	1107.3	1141.0	1156.7	1186.1	1220.1	1246.8
估测数平均值	38.0020	38.0206	38.0412	38.0608	38.0778	38.0855	38.0997	38.1158	38.1280

注：2010 年度会计人员估测数 = 2010 年度会计人员估测数 ×（1 + 从业人数增长率 × 回归系数）
= 38.0020 × [1 + (((1031.6 – 998.3)/998.3) × 0.014676)]
= 38.0206（万人）

资料来源：《北京统计年鉴》。

从表 2 – 12 中可以看出，基于回归模型测算的各年度会计人员规模变化不大。这与基于绝对比率测算的会计人员规模还是有很大差异的。原因在于基于绝对比率测算有一个假设，即会计人员规模与从业人员规模成同比例增长，但基于回归模型测算，从业人员每增长 1 个百分点，会计人员则增长 0.014576 个百分点。

（2）分行业上市公司会计人员回归模型。

为了检验各行业会计人员规模与公司总人数规模的回归关系，建立回归模型（2.2）：

$$NACCOU = a_0 + a_1 \times NEMPLYO \tag{2.2}$$

基于模型（2.2）分行业进行回归，回归结果如表 2 – 13 所示。在样本规模中，包括创业板、中小板和深沪 A 股主板公司数据，但未包括新三板公司数据。

表 2-13　　模型（2.2）回归结果

证监会行业门类名称	系数	t 值	Adj R-squared	样本规模
交通运输、仓储和邮政业	0.018792***	28.26	0.5028	790
住宿和餐饮业	0.028771***	11.06	0.5268	110
信息传输、软件和信息技术服务	0.020041***	32.85	0.4111	1545
农、林、牧、渔业	0.016725***	33.74	0.7345	412
制造业	0.013401***	136.57	0.5251	16867
卫生和社会工作	0.022762***	8.44	0.4524	86
建筑业	0.031086***	31.29	0.5935	671
房地产业	0.017317***	44.38	0.5341	1718
批发和零售业	0.023538***	46.35	0.5507	1753
教育	0.016529***	9.56	0.8043	23
文化、体育和娱乐业	0.032453***	28.38	0.648	438
水利、环境和公共设施管理业	0.015639***	16.12	0.4109	372
电力、热力、燃气及水生产	0.020298***	59.53	0.7467	1203
科学研究和技术服务业	0.019069***	16.82	0.5791	206
租赁和商务服务业	0.034728***	23.24	0.5602	424
综合	0.019836***	19.01	0.58	262
采矿业	0.009866***	37	0.6386	775
金融业	0.02657***	26.76	0.5828	513

如表 2-13 所示，分行业回归模型中，每个行业公司员工总数的系数都在 1% 的水平上显著，这意味着分行业回归模型中，公司员工总数可以解释财务部门规模。在各个回归模型中，租赁和商务服务业、建筑业以及文化、体育和娱乐业，回归系数较高，在 3% 以上，这意味着这些行业员工总数增长 1 个百分点，会计人员的增长为 0.03 个百分点。采矿业回归系数较低，仅为 0.009866，当员工总数增长 1 个百分点，会计人员的增长不到 0.1 个百分点。相比于模型（2.1）各类公司之间的差异，行业间差异

更大，可见行业是影响财务部门规模的重要因素。各个分行业回归模型的AdjR－squared 均在 0.4 以上，这也意味着模型的整体解释能力较强，员工人数与行业确实是解释财务部门规模的重要原因。

在表 2－13 的基础上，基于表 2－7 中估测的 2013 年会计人员规模，测算 2014～2017 年会计人员规模，如表 2－14 所示。

表 2－14　　分行业会计人员规模估测　　单位：万人

证监会行业门类名称	2013 年	2014 年	2015 年	2016 年	2017 年
农、林、牧、渔业	0.2558	0.256129	0.257047	0.256878	0.256615
采矿业	0.1911	0.190934	0.19066	0.190412	0.190248
制造业	3.1435	3.142456	3.138923	3.135989	3.133597
电力、热力、燃气及水生产	0.2885	0.288178	0.288178	0.28879	0.28879
建筑业	2.9853	2.989726	2.993666	2.995488	3.004428
批发和零售业	7.3805	7.381067	7.390248	7.387561	7.390698
交通运输、仓储和邮政业	2.5152	2.515994	2.516136	2.514225	2.513856
住宿和餐饮业	2.8182	2.814514	2.81176	2.810621	2.815049
信息传输、软件和信息技术服务	2.8187	2.822257	2.827484	2.827915	2.833222
金融业	1.8266	1.833071	1.838377	1.84116	1.843796
房地产业	3.8220	3.822509	3.824151	3.830687	3.830462
租赁和商务服务业	5.8145	5.841977	5.872148	5.909109	5.914823
科学研究和技术服务业	2.4600	2.462135	2.465428	2.471431	2.474736
水利、环境和公共设施管理业	0.7216	0.721996	0.72257	0.722935	0.723288
居民服务、修理和其他服务业	0.8686	0.868019	0.86842	0.869007	0.86948
教育	3.1482	3.147674	3.149479	3.151225	3.152617
卫生和社会工作	2.0567	2.058135	2.061444	2.064377	2.065759
文化、体育和娱乐业	1.1960	1.195662	1.196003	1.196678	1.19701
公共管理、社会保障和社会组织	2.2204	2.221562	2.221562	2.221845	2.222595
合计	46.5314	46.574	46.63368	46.68633	46.72107

由于表2－14是建立在对2013年绝对数值估计的基础上，所以整体看来，估计的会计从业人员数值较大。但由于分行业回归模型估计法，从业人员增长一个百分点，会计人员规模最多增长0.034728个百分点（租赁和商务服务业），所以会计人员整体规模在各年度相差不大。

第三节　会计人员需求结构分析

尽管前文分析了会计从业人员的数量需求，但是会计从业人员的内部需求结构的细化分析对于会计从业人员的供需分析意义更加重大。鉴于微观企业数据取得的困难性，本部分内容分析数据来源途径包括两个：一是根据2019年1月22日从职友集取得的近一年会计及相关岗位招聘数据为基础进行分析①；二是基于116家企业调查问卷数据进行分析。对于会计人员职业成长而言，工作经验与学历特征至关重要。所以，主要基于工作年限与学历特征需求，对会计人员的整体需求结构进行分析。

一、会计及相关岗位年限分析

1. 职友集招聘信息分析

从职友集招聘岗位分析数据表2－15可以看出，会计主管、财务经理与财务总监对工作年限的要求涵盖了1～3年到10年以上的所有区间，这可能与招聘企业的规模有关，也有可能只是招聘企业必要条件，会在后续面试过程中进一步筛选。

---

① 之所以要标识数据取得的具体日期，是因为职友集的信息会动态更新。

表 2-15　　会计及相关岗位年限分析　　单位：%

工作经历	出纳	会计	会计主管	财务经理	财务总监
应届毕业生	7.00	7.00			
1~3 年	71.00	41.00	47.00	15.00	8.00
3~5 年	17.00	28.00	31.00	31.00	16.00
5~10 年	5.00	24.00	18.00	48.00	56.00
10 年以上			4.00	6.00	20.00

会计类不同岗位招聘时均对工作年限有所要求。岗位不同，工作年限要求也不同：在出纳岗位招聘条件中，1~3 年的工作经历要求所占比例最高；在会计岗位招聘条件中，1~3 年的工作经历要求所占比例最高，但较出纳而言比例有所下降，3~5 年的比例有所上升。在会计主管岗位招聘条件中，1~3 年的工作经历要求所占比例虽然最高，但相比于出纳有所下降，同时，在会计主管的招聘条件中，有 4% 的比例要求 10 年以上的工作以上经验；在财务经理和财务总监招聘条件中，5~10 年的工作经历要求所占比例最高，相比而言，财务总监对于 5~10 年工作经历要求的企业所占比例更高一些，并且有 20% 的岗位要求 10 年以上工作经验，而财务经理只有 6%。在所有的岗位中，只有会计与出纳岗位可以接受应届毕业生，这与毕业生实际工作状况也是相符的。

除会计主管岗位外，对于出纳、会计、财务经理与财务总监而言，1~3 年的工作年限要求所占比例依次降低，而 5~10 年和 10 年以上工作经历所占比例却依次提高。

基于上述分析，可以看到随着职业岗位的晋升，招聘条件要求的工作年限有所上升，这表明工作年限是对工作能力的背书。但是由于未能合理控制企业规模、盈利能力等因素，所以不能合理解释会计主管工作年限要求异常的情形。

2. 调研问卷数据分析

共对 116 家企业发放调查问卷。在 116 家企业中，设置财务总监岗位的企业共计 76 家，设置财务经理岗位的共计 82 家，设置会计主管岗位的共计 91 家，如表 2－16 所示。

表 2－16　　会计及相关岗位工作年限

岗位	1～3（含）年	3～5（含）年	5～7（含）年	7～10（含）年	10 年以上	合计
财务总监	3	6	7	14	46	76
财务经理	3	10	15	19	35	82
会计主管	4	16	29	11	31	91

在表 2－16 的基础上，计算各类年限所占比例如表 2－17 所示。

表 2－17　　各类岗位年限所占比例　　单位：%

岗位	1～3（含）年	3～5（含）年	5～7（含）年	7～10（含）年	10 年以上
财务总监	3.95	7.89	9.21	18.42	60.53
财务经理	3.30	12.20	18.29	23.17	42.68
会计主管	4.88	19.51	35.37	13.41	37.80

在样本企业中，10 年以下工作年限财务总监占比低于财务经理与会计主管，但财务总监工作 10 年以上的企业占比明显高于财务经理与会计主管。这意味着随着职位的提升，工作年限也会随之增长。

二、会计及相关岗位学历分析

1. 职友集招聘信息分析

从职友集招聘岗位学历分析数据（见表 2－18）可以看出，大专与本科学历要求是会计类岗位招聘要求的基础条件。

表 2 - 18 会计及相关岗位学历分析 单位：%

学历要求	出纳	会计	会计主管	财务经理	财务总监
中专	3.00				
高中	1.00		2.00		
大专	59.00	33.00	40.00	22.00	12.00
本科	37.00	63.00	55.00	77.00	72.00
硕士		4.00	3.00	1.00	2.00
不限					14.00

随着职业岗位晋升，招聘岗位对本科学历的要求占比呈现上升趋势。在整体上升趋势中，会计主管存在一定例外。在出纳岗位要求中，大专学历要求占比最高，在其他职业岗位要求中，本科学历要求占比最高。在各个职业岗位招聘需求中，尽管并未完全排除大专学历的学生，但是可以看到在财务经理的招聘岗位中，只有 22% 的单位给予大专学历人员求职机会，而这一比例在财务总监招聘时降到 12%。这在一定程度上表明随着职业岗位晋升，大专学历的人员的就业机会呈现趋窄现象。

2. 调研问卷数据分析

在调查的 116 个样本中，有 40 个样本企业未设财务总监岗位，其余 76 家企业财务总监学历如表 2 - 19 所示。

表 2 - 19 财务总监学历 单位：%

财务总监学历	调研企业数量	企业占比
博士	7	9.21
研究生	26	34.21
本科	40	52.63
大专	2	2.63
其他	1	1.32

在财务总监的学历中，本科占比52.63%，研究生占比34.21%，本科与研究生学历构成了财务总监的学历主体结构。在调查的116个样本中，有34个样本企业未设财务经理岗位，其余82家企业财务经理学历如表2－20所示。

表2－20　　财务经理学历　　单位：%

财务经理学历	调研企业数量	企业占比
博士	3	3.66
研究生	16	19.51
本科	56	68.29
大专	6	7.32
其他	1	1.22

在财务经理学历中，本科占比68.29%，较财务总监本科学历占比有所上升，研究生占比19.51%，比财务总监研究生学历占比下降，本科与研究生学历构成了财务经理的学历主体结构。

在调查的116个样本中，有25个样本企业未设会计主管岗位，其余91家企业会计主管学历如表2－21所示。

表2－21　　会计主管学历　　单位：%

会计主管学历	调研企业数量	企业占比
博士	2	2.20
研究生	15	16.48
本科	65	71.43
大专	8	8.79
其他	1	1.10

在会计主管学历中，本科占比较研究生和博士均有所上升，达到

71.43%，会计主管的学历结构主要以本科为主。

基于调查问卷数据，会计主管、财务经理及财务总监学历以本科学历为主，并且随着职位层级提升，研究生和博士学历占比呈现提高趋势。在三类岗位中，大专学历占比均不到10%，在财务总监样本中，大专学历只有2个样本，甚至不足3%。尽管样本企业只有116家，但是随着会计职位级别提升，大专学历人员就业机会趋小的趋势却是明显可见的。

综上，整体而言，从需求结构上看，随着职位层级的晋升，对于工作年限的要求与学历的要求亦呈现上升趋势。

第四节　会计人员供给分析

如前所述，成为会计人员，从事会计职业有两个途径：取得会计类职称及资格证书和接受专业学历教育取得学历证书。在会计资格证未取消之前，由于会计人员需要持证上岗，所以取得会计资格证书是成为会计人员的必经途径，但是在会计资格证书取消后，更加注重对于会计知识和工作能力的要求，所以取得专业学历证书后只要具备相应能力即可从事会计工作。

一、会计持证人员供给分析

关于会计人员，有两种界定，一种是持有会计类各种证书的人员，一种是实际从事会计岗位工作的人员，持有会计类证书的人员并不一定真正从事会计工作，按照财政部会计资格评价中心的研究报告口径，将前者称之为持证人员，将后者称之为从业人员。尽管按照有关规定，会计从业资格证的考试已被取消，但是取得会计证的人员仍可被认为是会计岗位的供给方重要构成部分。

我国从2010~2015年持有会计资格证书的会计人员分别是：2010年1233万人，2011年1379万人，2012年1521万人，2013年1689万人，2014年1873万人，2015年2050万人。按照财政部会计资格评价中心发布的《我国会计人才供求状况研究报告》①，会计持证人员主要分布在经济发达、人口密集的中东部地区，其中广东省最多，高达359万人；其次为江苏、浙江等经济发达的省份；再次为山东、河北、河南等人口较多的省份；至于西藏、青海、宁夏等经济相对落后、人口偏少的西部省份则最少，尤其是西藏只有1.4万人。分地区持证人员分布情况会计人才的密集程度，与各地的经济发展水平密切相关。这与前文分析框架中宏观经济环境对于会计岗位供需影响的分析是一致的。进一步分析会计持证人员增长率，如图2－3所示，不难发现会计持证人员的增长波动趋势与地区生产总值的增长波动趋势呈现相似规律。

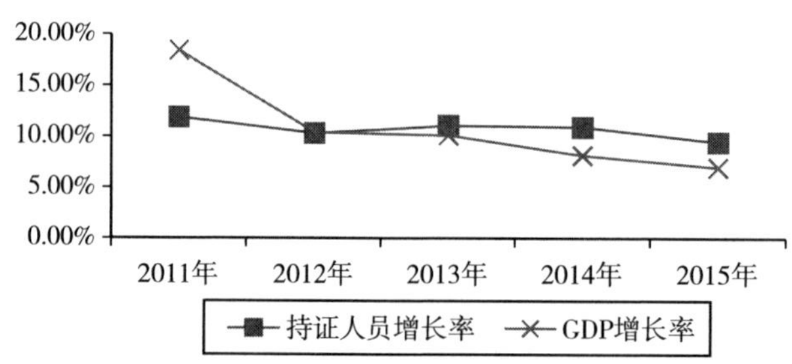

图2－3　持证人员与GDP增长率分析图

注：GDP增长率基于国家统计局地区生产总值数据整理计算。

《我国会计人才供求状况研究报告》披露了人口占比数据，即“持证人员”占所属省份人口数的比例，即持证人员数/该省人口数。2014年年末，全国“持证人员”的人口占比1.35%。其中，北京市最高，达到4.42%；其次是广东（2.91%）、上海（2.77%）等。由此可见，全国会计持证人员地区分布明显不平衡。按照2015年度人口普查数据，北京市户籍人口为19612368人，则可以初步估计北京2014年度会计证持有人员共计866867（19612368×4.42%）人左右。这一数量规模远超过了任何一种方式所估测的会计人员需求规模，同时也印证了部分持证人员并不真正从事会计工作的结论。

① 财政部会计资格评价中心：《我国会计人才供求状况研究报告》，http：//kuaiji.firstacc.cn/a/20161022/5196.html.

按照会计行业中长期人才发展规划（2010～2020年），在着力培养高级会计人才的同时，重视会计初中级人才的培养，促进会计人才资源结构优化、布局合理，努力打造一支职业道德水准高、业务娴熟、技能综合、职业判断能力强的会计人才队伍。到2015年，实现高级、中级、初级会计人才比例为5∶35∶60；到2020年，使这一比例为10∶40∶50。到2020年，实现会计人才资源总量稳步增长，队伍规模不断壮大。会计人才资源总量增长40%，较好地满足经济社会发展需要①。从人才规划报告中不难看出，就人才规划目标而言，会计人才不仅要实现总量的增长，还要进一步优化会计人才构成结构，中、高级人才所占比重要由2009年的40%增长至50%，这一方面意味着我国现有会计专业人才中，中、高级人才尚不能很好地满足需求，需要进一步加大对中、高级会计人才的培养力度；另一方面，尽管总量有所增长，但初级人才所占比重由60%降低至50%，这在一定程度上也意味着现有会计专业人才，尤其是初级专业人才，存在一定的饱和性。

在2017年度《会计法》修订后，会计证已被取消，表2－22列示了2009～2016年度各类会计职称考试合格人数。

表2－22　　北京市2009～2016年会计职称考试合格

年份	初级职称	中级职称	高级职称
2009	5047	2980	389
2010	3826	3711	1034
2011	6355	3360	1377
2012	7744	3747	1182
2013	6499	4404	977
2014	6563	5409	1864

① 财政部：《会计行业中长期人才发展规划（2010～2020年）》。

续表

年份	初级职称	中级职称	高级职称
2015	7382	5987①	1183
2016	10112	5860	883

资料来源：《2010～2017年会计年鉴》。

从表2－22可以看出，各年度合格人数尽管有所波动，但从2009～2016年的整体变动趋势来看，无论是初级职称考试、中级职称考试还是高级职称考试，合格人数都有所增长。尤其是高级职称，2010年合格人数比2009年度增长了2倍多。在会计法修订取消会计证后，并未降低对于会计人员职业能力的要求。例如，新修订的《会计法》规定，“担任单位会计机构负责人（会计主管人员）的，应当具备会计师以上专业技术职务资格或者从事会计工作三年以上经历”。会计职业考试合格人数的增加，是对有职业能力的会计人员的有效供给。

二、会计专业学历教育供给分析

全国会计专业学历教育现状：

2016年开设会计专业的本科学校合计600余所，专科学校合计120余所。会计专业本科毕业生人数为10万人以上，居于各专业招生规模首位，财务管理专业的毕业生人数逐年增加，从第10位上升至第6位，2016年毕业生规模在9.5万人～10万人左右②。可见，本科生会计及相关专业毕业生规模每年达到20余万人。

从表2－23可以看出，2017年会计与财务管理毕业生规模远高于审计学与财务会计教育专业。尽管会计专业与财务管理专业毕业生规模均大于

① 由于会计年鉴未列明公司2015年和2016年度中级职称合格人数，以单科考试合格人数最小值替代本年度合格人数。

② 资料来源：教育部阳光高考信息平台，会计学等10个本科专业毕业生人数最多，https://gaokao.chsi.com.cn/gkxx/zybk/zyybk/201704/20170425/1599777141.html.

10 万人，但具体而言会计专业的毕业生人数还是大于财务管理专业，但是也要看到财务管理专业招生与毕业生规模呈现上升趋势。从毕业生性别比例来看，会计及相关专业的女生占比均在 73% 以上，财务会计教育专业女生所占比例更是高达 82% 。从就业率上来看，近三年相关专业的就业率呈现上升趋势，四个专业相比，审计学的就业率略低。

表 2－23　　会计及相关专业本科生数量统计表

专业	开设院校数量	就业率（%）			2017 年规模		
		2015 年	2016 年	2017 年	毕业生规模	女生比例（%）	理科生比例（%）
会计	646	75～80	85～90	90～95	10 万人以上	77	49
财务管理	701	75～80	85～90	90～95	10 万人以上	75	48
审计学	177	65～70	75～80	85～90	9000～10000	73	49
财务会计教育	17	70～75	90～95	90～95	1500～2000 人	82	60

注：统计日期截止到 2017 年 12 月 31 日。

资料来源：教育部阳光高考信息平台，专业知识库，https：//gaokao. chsi. com. cn/zyk/zybk/specialityDetail. action？specialityId＝73385284.

从表 2－24 可以看出，就专科层次 2017 年度毕业生规模来看，依旧为 10 万人以上，与本科会计专业规模不相上下，但财务管理专业专科毕业规模人数远小于本科生。从性别比例来看，同本科一样，女生占比较大，并且除财务管理专业外，均在 80% 以上，略高于本科。从就业率来看，一方面，近三年就业率呈现上升趋势，审计与税务的就业率略高于其他专业，这与本科生的就业率略有不同，可能是一方面是因为专科审计专业毕业生规模小于本科生；另一方面，事务所由于对助理审计人员的需求较大，专科生的薪酬要求低于本科生，所以事务所，尤其是中小事务所，更倾向于招聘专科生。当然上面表格统计也存在一定局限性，因为部分学校将审计等作为方向列入会计专业，所以会计专业学生中可能涵盖了部分审计等其他方向的学生。

表 2 – 24　　会计及相关专业专科生数量统计表

专业	开设院校数量	就业率（%）			2017 年规模		
		2015 年	2016 年	2017 年	毕业生规模	女生比例（%）	理科生比例（%）
会计	1395	80 ~ 85	90 ~ 95	90 ~ 95	100000 人以上	82	44
财务管理	466	80 ~ 85	90 ~ 95	90 ~ 95	36000 ~ 38000	78	44
审计	174		95 ~ 100	95 ~ 100	1500 ~ 2000 人	83	46
会计信息管理	113	75 ~ 80	80 ~ 85	90 ~ 95	4000 ~ 4500 人	81	43
税务	68	80 ~ 85	90 ~ 95	95 ~ 100	1500 ~ 2000	82	40

注：统计日期截止到 2017 年 12 月 31 日。
资料来源：教育部阳光高考信息平台，专业知识库，https：//gaokao. chsi. com. cn/zyk/zybk/specialityDetail. action？ specialityId = 73385284.

进一步，基于 2010 ~ 2017 年会计年鉴，2009 ~ 2016 年会计专业毕业人数如表 2 – 25 所示。

表 2 – 25　　会计专业各年度毕业生规模

年份	成人专科	成人本科	中职	大专	本科	硕士研究生	博士研究生
2009	122083	73051		177593	69929	3329	235
2010	110569	66693	114854	210002	82181	3534	207
2011	83078	69717	115364	93443	98837	4805	220
2012	142852	78850	176279	286816	115291	5434	221
2013	139666	83218	207805	273745	130588	6453	135
2014	147436	98018	198049	285504	151309	7718	185
2015	151189	103380	178976	303009	167422	8979	155
2016		104593	180055	272073	182620	9715	173

北京市会计专业招生与毕业生规模如表 2 – 26 所示。

表 2-26　北京市会计专业学生统计　单位：人

学历	指标	2013 年	2014 年	2015 年	2016 年
本科及以上	布点数	73	72	74	74
	招生数	4128	4062	4236	4483
	在校生	17296	18063	18229	18416
	毕业生	5224	5065	5465	5816
高职	布点数	21	21	21	18
	招生数	2446	2792	2132	1869
	在校生	7704	8455	7906	6810
	毕业生	2167	2721	2859	2528
中职	布点数	11	11	11	6
	招生数	711	532	442	274
	在校生	2863	2108	2042	1609
	毕业生	1106	896	790	710
各学历合计	布点数	105	104	104	98
	招生数	7285	7386	6810	6626
	在校生	27863	28626	28177	26835
	毕业生	8497	8682	9114	9054

资料来源：中国会计年鉴编委会：《中国会计年鉴》(2014～2017 年)。

不考虑留京率等因素，北京市近年来每年新增会计专业学生供给将近 10000 人。

三、职称资格取得与学历教育之间的关系

基于职称资格的会计人才队伍分析与基于学历的人才队伍具有很大程度的交叉与重复性。职称、资格证书与学历教育之间究竟是什么关系？职称与资格证书和学历究竟是替代关系还是互补关系？

一方面，职称证书是否可以替代学历教育，或者部分替代学历教育？大专毕业社会认可度低，但是如果他们取得会计职称证书，是不是在一定程度上可以替代学历教育？如果存在替代效应，不同的职称证书与执业资格证书是不是有不同的效应？例如中级及以上职称证书的替代效应是不是更强一些？注册会计师执业资格证书由于取得更难，是不是替代效应更高一些？如果职称证书与学历教育存在替代效应，那么正规学历的会计职业教育是否有用，是否有必要每年大量的财政投入以支持会计专业教育的发展？同时，还需要深入思考的另一个问题是，专科与本科、职称证书的替代效应是否一致，职称证书对于专科的替代效应是否显著高于本科？

另一方面，职称证书与学历是否只是互补关系，即职称证书并不能替代学历教育，而只是对于学历教育起到一定的补偿作用？换言之，尽管专科学历社会认可度较低，但是如果职称及资格证书的取得可以有效弥补学历信号传递的不足，即职称及资格证书存在一定的补偿效应，那么为了提高职业教育在社会中的认可度，是否有必要在职业教育中增加职称及执业资格考试的内容，专科教育是否有必要开设注册会计师专业？同时，要进一步研究的是，专科与本科的互补效应是否一致，由于边际效用递减的原因，本科学生已经具有较高的社会认可度，当其再取得职业资格证书时，是否只是锦上添花，其互补作用相较于专科生会更弱。

与专科相比，本科学生整体素质较高，学习能力较强，取得专业职称与执业资格证书的比例会相对较高些。同时，部分考试（例如注册会计师考试）将考试资格界定在大专学历以上，所以大专与本科的学生事实上在毕业后才能具备考试资格，而研究生毕业的学生在却有可能在求学期间取得注册会计师考试合格证书。由于社会对学历越高的学生整体认可度较高，取得职称与执业资格证书会进一步提高社会与企业的认可度，从而有可能使得专科学生处于更加不利的就业与职业发展位置。那么，专科教育是否还有存在的意义？

在高等院校的学生初次求职时，由于雇主与求职者的信息不对称，学历及职称资格证书是雇主识别求职者质量水平的重要信号，所以学历与职称证书至关重要。但是随着工作年限和工作经验的增长，学历与职称证书的信号作用可能会逐渐减弱。对于会计职业晋升的不同岗位，学历与职称证书的作用可能会有所不同。对于出纳岗位与会计岗位，学历与职称证书的作用可能相对重要，但是对于财务总监岗位，学历与职称证书可能是选择的条件之一，而工作背景及既往工作经验会更加重要。所以，在职业发展的不同阶段，任职于不同序列岗位时，学历、职称证书及工作经验的重要性及作用可能有所不同。

第五节　会计人员供需分析

就北京市而言，基于前文数据分析，从会计从业人员的需求数量与供给数量对比发现，基于 GDP 及行业人数的绝对比率分析，近年来需求人数的增长大于供给人数的增长。但是，基于回归模型的系数测算的就业人数相对稳定，相比于每年将近 1 万人的毕业学生而言，存在一定的供过于求的可能性。当然，由于会计专业学生未见得仅从事会计岗位工作，会计师事务所及咨询公司会吸纳大量的会计专业人才，同时会计专业人才需求除了数量还有结构上的需求，所以不能单纯仅从数量上进行比对就简单做出供过于求或供不应求的判断。

薪酬是供给与需求双方博弈的结果，是供需双方定价的重要策略机制之一。薪酬承载了对职业能力及工作内容的定价，但就薪酬的长期变化趋势而言，在消除物价水平变动等因素后，如果供不应求，薪酬水平呈现上升趋势；若供过于求，则薪酬水平呈现下降趋势。对于会计与出纳岗位而言，当出现供过于求时，求职人员由于缺乏工作经验，可能会由于专用人力资本的限制，不能及时转行到其他职业岗位，因而出现工资水平低于社会平均工资水平的现象。

一、职友集招聘信息分析

从职友集招聘岗位分析数据表 2－27 可以看出，随着工作年限要求的提高以及职业岗位的提升，用人单位愿意给的薪酬呈现增长趋势。仅就会计及相关岗位本身而言，不同岗位的薪酬水平差异可能主要取决于岗位工作内容与职业能力需求的差异。

表 2-27　　会计及相关岗位薪酬分析　　单位：元

工作经历	出纳平均工资	会计平均工资	会计主管平均工资	财务经理平均工资	财务总监平均工资
应届毕业生	4840	4660	8000		
1~3年	5330	6370	8530	15660	30120
3~5年	5630	7970	9650	18060	31750
5~10年	6100	9390	10110	18630	32850
10年以上	6010	8820	9990	19280	32150

财务总监与财务经理的平均工资显著高于会计类其他岗位人员工资。会计主管的工资也略高于普通会计人员的工资。从上述数据我们还可以观察到随着工作经验的增长，工资呈现增长趋势，但异常的是，对于工作经验要求 10 年以上的每一类岗位，工资反而较 5~10 年工作经验的人员有所下降。这可能也在一定程度上反映了供求变动的趋势。

同时，基于职友集近年来会计类岗位平均工资数据，整理后如表 2-28 所示。表 2-28 中在岗职工平均工资来自《北京统计年鉴》。

表 2-28　　2010~2018 年会计及相关岗位历年平均薪酬分析　　单位：元

年份	出纳	会计	会计主管	财务经理	财务总监	在岗职工
2010	2233	2343	3217	3856		5473.583
2011	2777	3456	4969	7433	16366	6319.5
2012	2937	3840	5199	7629	14418	7108.917
2013	3211	4172	5526	8046	15776	7833.083

续表

年份	出纳	会计	会计主管	财务经理	财务总监	在岗职工
2014	3435	4901	5925	8901	17900	8616.667
2015	4435	5960	7881	11794	17471	9422.75
2016	4744	6204	8115	11812	17640	10229.08
2017	5120	6856	9115	16879	30730	11249.5
2018	5469	7346	10337	19310	34991	

在表2－28中可以看出，近年来会计类岗位的工资呈现增长趋势，出纳、会计、会计主管的工资低于社会平均工资，财务经理、财务总监的工资高于社会平均工资。如果把工资作为人力资本市场对供给与需求博弈后的最终定价，低于社会平均工资的定价可能意味着供给大于需求的人力资源市场状况，而高于社会平均工资的定价则说明市场上供给小于需求。所以，我们可以得出结论，市场上普通会计人员可能存在供过于求的情形，而高端会计人员存在供不应求情形。

二、调研问卷数据分析

由于在调查问卷中调查的是财务总监的薪酬区间，表2－29在调查问卷的基础上对薪酬进行测算。将薪酬区间按上限与下限的平均值作为财务总监的薪酬，然后按调研企业所占比例将薪酬进行加权平均计算出财务总监的薪酬。经过分析发现，财务总监薪酬与学历呈现正向相关关系，即学历越高，薪酬越高。除大专学历人员外，财务总监薪酬水平整体高于社会平均薪酬水平11249.5元，表明财务总监整体处于供不应求状态。

表 2－29　　财务总监薪酬分析　　单位：元

财务总监薪酬区间	3000以下	3001～5000	5001～8000	8001～10000	10001～15000	15001～20000	20001～30000	30001～40000	40001～50000	50001元以上	测算薪酬
调整后	1500	4000	6500	9000	12500	17500	25000	35000	45000	50000	
博士	0	0	0	0	28.57%	0	0	14.29%	0	57.14%	37142.75
研究生	0	0	0	7.69%	23.08%	7.69%	23.08%	7.69%	19.23%	11.54%	27807.85
本科	2.50%	0	12.50%	15.00%	12.50%	15.00%	15.00%	10.00%	7.50%	10.00%	22012.5
大专	0	50.00%	0	0	0	50.00%	0	0	0	0	10750
其他	0	0	0	0	0	100.00%	0	0	0	0	17500

在116家企业调查问卷中，有34家企业未设置相关岗位。与财务总监相似，测算出财务经理的薪酬如表2－30所示，并且财务经理薪酬与学历呈现正向相关关系，即学历越高，薪酬越高。整体来看，财务经理薪酬水平高于社会平均薪酬水平11249.5元，表明财务经理处于供不应求状态。

表 2－30　　财务经理薪酬分析　　单位：元

财务经理薪酬区间	3000以下	3001～5000	5001～8000	8001～10000	10001～15000	15001～20000	20001～30000	30001～40000	40001～50000	50001元以上	测算薪酬
调整后	1500	4000	6500	9000	12500	17500	25000	35000	45000	50000	
博士	0	0	33.33%	0	33.33%	0	0	0	0	33.33%	22997.7
研究生	0	0	12.50%	6.25%	25.00%	18.75%	25.00%	0	0	12.50%	20281.25
本科	0	0	16.07%	16.07%	23.21%	17.86%	14.29%	5.36%	3.57%	3.57%	17357.6
大专	0	16.67%	16.67%	33.33%	16.67%	16.67%	0	0	0	0	9751.05
其他	0	0	0	0	100.00%	0	0	0	0	0	12500

按照相似的方式，算出会计主管的薪酬，如表2－31所示。

表 2-31　　会计主管薪酬分析　　单位：元

会计主管薪酬区间	3000以下	3001～5000	5001～8000	8001～10000	10001～15000	15001～20000	20001～30000	30001～40000	40001～50000	50001元以上	测算薪酬
调整后	1500	4000	6500	9000	12500	17500	25000	35000	45000	50000	
博士	0	0	50.00%	0	0	0	0	0	0	50.00%	28250
研究生	0	0	13.33%	0.1333	33.33%	0.1333	0.1333	6.67%	0.0667	0	17233.65
本科	1.54%	6.15%	24.62%	32.31%	18.46%	9.23%	1.54%	3.08%	0	3.08%	11703.05
大专	0	12.50%	50.00%	25.00%	0	12.50%	0	0	0	0	8187.5
其他	0	0	0	1	0	0	0	0	0	0	9000

从上述分析可以看出，学历对于薪酬水平有着较为显著的影响。整体来看，会计主管薪酬水平与社会平均薪酬水平相差不大（除了研究生学历薪酬水平外），表明会计主管整体处于供求相对平衡状态。

综上，无论是职友集的招聘信息，还是调查问卷信息，都表明岗位级别越高，工作年限越长，学历越高，薪酬水平就越高。如果将学历与工作年限作为表征会计从业人员的变量，二者对于薪酬水平之间的替代抑补是互补效应依旧尚未清楚。尽管学历水平越高，薪酬水平越高，但是随着会计专业毕业生的增加，是否存在过度教育的情形？对于诸多职业教育的会计专业学生，是否存在教育不足的情形，在职业发展路径上是否存在学历不足的天然障碍？这需要后续研究进一步分析。

三、结论与政策建议

基于前文已有分析，本章可以得出以下三点结论：

（1）经济增长确实是影响会计人员需求的重要因素。

（2）基于上市公司实证研究来看，行业与企业规模均是影响会计人员需求规模的重要因素。

（3）从整体供给数量与需求数量来看，由于不同方法测算的需求规模有很大差异，所以数量上很难得出绝对的供过于求还是供不应求的结论。

但是，基于薪酬工资与社会平均薪酬工资的对比，可以认为市场上普通会计人员可能存在供过于求的情形，而高端会计人员存在供不应求情形。

由此，本章提出以下三点政策建议：

（1）由于本章采用多种方法对需求规模进行了估测，统计的规模之间存在显著差异，建议基于大数据手段，由相关主管部门主导建立招聘网站、企业多方参与的数据库，以期为教育部门的专业布点和职业培训提供相关建议。

（2）无论从技术发展趋势，还是从现有会计职业现状来看，一般会计人员呈现供过于求状态，但高端复合型人才仍处于供不应求状态，所以需加大对高端复合型人才的培养。

（3）需对不同职业成长阶段学历、工作经验与职业培训的作用进行实证检验，以期得出更加明确的实证结论，用以指导人才培养及职业生涯规划。

第三章 教育特征与岗位契合度研究

第一节　研究背景

党的十九大报告中指出，要完善职业教育和培训体系，深化产教融合、校企合作。2019 年国务院发布《国家职业教育改革实施方案》，提出：应加强社区教育和终身学习服务，完善学历教育与培训并重的现代职业教育体系，畅通技术技能人才成长渠道。职业培训在教育体系中的重要地位被正式确立下来。

在个体职业生涯成长过程中，学历教育、职业培训与职业发展关系究竟如何？各类要素究竟应该如何配置？在就业市场上，学历教育水平、职业培训与工作经验均是人力资本的重要构成要素，但是这三类要素究竟是如何影响职业发展的？它们的关系是彼此促进，还是相互替代？它们究竟是提升了人力资本水平，具备生产功能，还是仅仅作为筛选机制体现了信号功能？职业培训和工作经验是否有助于降低自高校扩招以来就被热议的过度教育？究竟哪些因素影响了教育与职位的匹配程度？对于这些问题的研究，有助于深入分析教育在职业发展中的作用，为会计专业的教育投入与学历布局提供决策依据。

由于数据的限制，现有研究很少专注于某一专业过度教育的研究。但是大学毕业生的教育收益会因专业的差异而有所不同，不同的专业可以使学生获得不同的人力资源能力，并形成人力资源专用资本。尽管部分研究对于职业进行了诸如专业技术人员、管理人员等的划分，但远不能反映专业与职业的个性化特征。例如，由于男生与女生在选择专业时偏好不同，工科类专业女生比例明显偏低，而在有些专业中，诸如会计专业、教育类专业，女生比例明显偏高，如不区分专业仅对其进行泛泛研究，就很难判断关于性别特征所反映的含义究竟是性别本身还是职业偏好特征。同时，如不区分专业，就很难提出明确的政策建议。例如，如果出现了过度教育，那究竟该如何调整反馈至教育层面的招生规模与财政投入？不区分专业的研究必然不能给出准确的结论与支持意见。各个不同专业，不同学历层次招生规模增减结构，职业培训内容等必须有关于具体专业的调研与研究数据进行支持。

即使是同一专业，在职业的不同发展阶段，学历教育、职业培训、工作经验的功能和发挥的作用也各有不同。但现有教育经济学的研究主要着重于高等教育毕业学生的研究，未能针对职业发展的各个阶段进行具体化分析，因而无法为职业生涯的终身学习和培训体系的顶层设计提供支持性证据和政策建议。

本章主要在第二章宏观视角供需框架的基础上，着眼于微观会计人员教育特征与职位特征匹配的研究。本章主要贡献在于如下四个方面：

（1）首次构建了教育特征与职位特征的契合度分析框架，并以此为基础对契合度的影响因素进行了分析。

（2）以教育特征与职位特征的契合度研究为切入点，通过分析过度教育、职业培训与工作经验的影响效应，厘清三类要素的生产与信号功能，并为职业教育发展提供有效建议。

（3）同时采用了主观评价法与众数法测度过度教育，彼此进行验证分析，若两者结论一致，可以进一步提高结论的可靠性。

（4）基于实际工作分析法中的众数法测度过度教育，有效避免了自我评估法的主观性，同时，数据来自上市公司公开数据，避免了调查问卷数据来源的不可靠性。

调查问卷数据来自北京高校会计专业毕业的人员，同时分别学校发放问卷，可以有效识别学校及专业的声誉特征，还可以进行不同学校、不同学历（专科与本科、本科与本科以上）的配对比较分析。同时，基于会计专业的数据调查，可以克服以往研究不分专业的局限。

本章数据既包括就业不足一年的学生调查数据，也包括财务总监数据，可以对会计专业不同职业发展阶段进行分析研究，因而可以更加准确地刻画学历教育、职业培训与工作经验的影响效应特征。

本章其余内容安排如下：第二部分是理论基础及分析；第三部分是研究设计；第四部分是基于问卷调查的过度教育实证研究；第五部分为基于财务总监数据的过度教育实证研究；第六部分为结论与政策建议。

第二节 理论基础及分析

一、人力资本理论与筛选理论

人力资本理论与筛选理论是教育经济学的两大主流理论。人力资本理论认为教育投资可以提升个人人力资本存量，从而获得更高收益，因而人力资本理论认为教育的生产功能作用显著。人力资本理论为教育投资规模的扩大奠定了理论基础，同时也为高等教育类别与教育水平划分、专业设置提供了决策依据。基于人力资本理论，普通高等教育与职业教育所形成的人力资本有所不同，不同层次的学历教育会形成人力资本的差异，专业教育更是形成了专用人力资本。当教育形成的人力资本与职位不能有效匹配时，社会资源配置就不能呈现最优状态。

筛选理论认为由于就业市场上存在信息不对称，求职者的真实生产能力不能得以识别，因而只能通过求职者外在的人力资本信号（教育和工作经历等）予以甄别，并做出雇佣决定。筛选理论认为教育的主要功能是筛选，即将有能力的人筛选出来，并形成可以为雇主所识别的信号，所以筛选理论认为教育的信号功能作用显著。关于人力资本理论与筛选理论，均得到了实证研究的支持。例如明瑟（1974）认为在完全竞争的劳动力市场中，个人收入主要由人力资本决定，明瑟收入方程开创了从教育年限与工作年限两个维度研究收入确定的思路，并为诸多研究借鉴。学者（Bedard，2001）等研究则证实了教育确实在就业市场上传递了有效信号并为雇主所识别，进而影响到就业机会和薪酬级别等。

教育究竟起着生产功能还是信号传递功能，还是二者兼而有之，目前尚无定论。各类研究从不同的侧面证实了某一功能存在，但是却不能否认另一功能的作用。学者（Katz and Ziderman，1980）认为人力资源理论在低层次的职业中教育应用较好，职业层级越高，筛选理论的作用越强。若筛选理论成立，则意味着学历、专业与学习成绩均只是信号。信号会随着时间流逝而出现衰减效应，所以随着工作年限的增长，教育特征所起的作用会呈现衰减趋势。若人力资本理论成立，教育投入会固化在人力资本中，并与工作经验等彼此作用，影响个体的职业发展。

二、契合度分析框架

从社会资源配置的视角来看，教育与职位匹配时，即可实现结构与数量的供需平衡，从而效率最优。如图 3－1 所示，教育特征与职位特征均是影响契合度的重要因素。二者分别从供给侧与需求侧阐释了过度教育与专业相关性形成的内在机理。以往研究表明，过度教育多发生在缺乏工作经验的人群中。职业经验的积累既可以替代或补充教育特征的不足，又可以提高对职位的适应能力，因而会影响契合度水平。职业经验可以通过工作年限、工作更换、职业培训和职业证书等指标进行测度，各个指标之间亦存在交互影响效应。职业热爱则是契合度影响效应的调节变量。

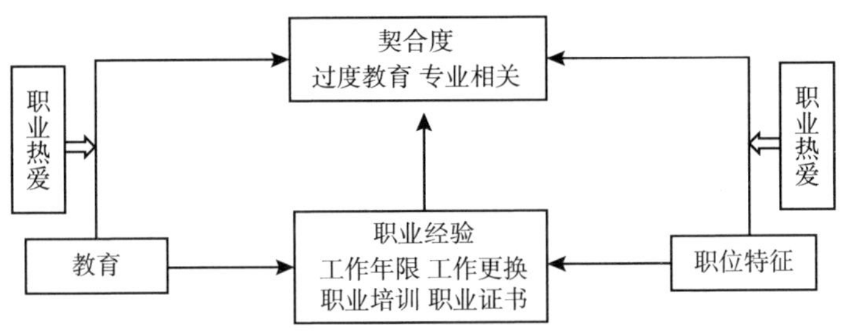

图 3－1　教育与职位特征契合度框架

1. 契合度水平测度

教育特征在与职业发展特征相互契合作用的过程中，会出现匹配不足、匹配过度与适度匹配三种情形。在我国高校持续扩张的背景下，匹配过度可能更为常见。匹配过度可能源于宏观上的供需不平衡，也可能源于微观的“所学非所用”和“所学超所用”。在本书第二章已经对于宏观的供需契合度进行了深入分析，本章主要侧重于微观层面进行分析。“所学非所用”主要指专业与岗位的不匹配，即专业与岗位不相关。“所学超所用”是指学历教育超过工作职业实际需求，即为通常所说的过度教育，当“所学低于所用”时，即为教育不足。由于过度教育与教育不足通常是相对的，所以本章在研究中通常只提及过度教育。

美国教育学家弗里曼首次提出过度教育的理念。过度教育的测度方法主要包括：工作分析法、实际匹配法和自我评估法。各种方法在实际研究中均有应用，例如张晓蓓（2010）和武向荣（2007）采用了自我评估法对过度教育进行测度，罗润东等（2010）和黄志岭等（2010）同时采用了实际匹配法和工作分析法对过度教育进行了测度。基于人力资本理论，过度教育仅是短期的不均衡（Tsang and Levin，1985），是个体投资者在寻找更有利就业机会的求职策略（Alba – Ramirez，1993）。筛选理论则认为由于信息不对称的存在，求职者为了传递更好的信息，因而会尽可能地投资于教育，从而使得过度教育成为常态（李锋亮等，2009）。由于人力资本理论与筛选理论在过度教育上的观点截然不同，因而过度教育可以作为很好的研究切入点，对教育的生产功能与信号功能予以有效区分。

大部分研究认为我国存在过度教育，但部分研究认为目前我国存在的是结构性过度教育（李建民和陈洁，2017）。现有研究还发现了过度教育的惯性效应，即第一份工作存在过度教育的人员，在未来存在过度教育的可能性会相对较高（Battu et al.，1999；Dolton et al.，2000）。这一方面表明过度教育不是一个短期现象，另一方面表明个人特征及所拥有的资源可能是影响过度教育的重要因素。

2. 教育对契合度水平的作用路径

尽管关于教育的作用机制观点截然不同，但无论是人力资本理论还是筛选理论都认可教育在人力资本中的作用。现有实证研究也证实了学历（武向荣，2010；李剑峰，2016；代馨，2016）和学校因素（是否211或985、校友资源、专业）（李锋亮等，2009）等教育特征是影响过度教育等契合度水平的重要因素。

教育对于契合度的作用路径包括直接路径与间接路径。教育的直接路径是指教育的产出数量与质量特征会直接影响过度教育与专业相关性。一方面，教育的产出数量越多（例如会计专业毕业生数量越多），过度教育及专业不相关性发生的可能性越大；另一方面，教育的质量特征会影响个体的就业机会及职业发展。例如学历越高，学习成绩越好的学生更容易找到较好的工作机会，并有更多的职业晋升可能性。所以，为了寻求更好的工作机会，个体会存在提升学历水平的主观意愿，客观上促进了过度教育发生可能性的增加。

教育的间接作用路径是指教育通过降低职业经验获取成本、提升职业经验获取效率，降低过度教育发生的可能性，促进契合度水平的提高。一方面，由于学历教育与职业经验框架体系存在一定交叉性，因而学历教育水平的提高可以降低职业经验获取成本，提升企业对于从业人员的认可度，提高岗位适配度，进而提高教育与职业发展的契合度水平。另一方面，学历教育水平的提高可以提升会计人员的认知水平，例如提升学习能力等，从而提高职业经验的质量与效率水平，提升对于岗位的适应度，从而提高教育与职业发展的契合度水平。

3. 职位特征对契合度水平的作用路径

现有研究认为劳动力市场因素（王春超和佘诗琪，2017）、行业的发展前景和需求（刘云波和钟宇平，2012）、企业规模（李锋亮等，2009）、职位类别及层级等职位特征是影响过度教育的重要因素。

职位特征对于契合度的作用路径包括直接路径与间接路径。职位特征的直接路径是指诸如企业规模、职位类别及等级特征等会直接影响过度教育与专业相关性。由于代理成本的存在，较大规模企业及国有企业会倾向于雇佣教育水平较高的学生，客观上促进了过度教育。职位层级水平越高，所需的专业知识能力水平也会越高，因而过度教育发生的可能性会降低。同时，职位层级越高，转换的机会成本越高，专业相关性也会越高。职位特征的间接作用路径是指职位特征不同，例如企业规模与性质不同，职位层级不同，可获取的职业经验可能也会有所不同（例如职业培训的机会与投入会有所不同、职业证书取得的动机会有所不同等），进而提升或降低了契合度水平。尽管职位特征不会影响整体工作年限，但不同职位的工作年限，必然会影响个体的整体人力资本水平，进而会影响到契合度水平。

4. 职业热爱的调节效应

职业热爱测度的是个体的心理效应，对于专业与职业的热爱会增加努力程度，进而影响契合度水平。

过度教育基于成因分为主观型过度教育与客观型过度教育。客观型过度教育主要由外部因素驱动，可分为需求不足型过度教育与工作找寻型过度教育。主观型过度教育主要是由心理因素驱动，可以分为补偿型过度教育、储备型过度教育与压力规避型过度教育。补偿型过度教育主要指为个体为了弥补个人能力与学校教育质量不足，寻求更高学历教育水平而形成的过度教育，尽管有研究认为个人能力的不足很难得以弥补，因而补偿型过度教育具有一定的长期性，但并不能否认职业热爱的调节效应。储备型过度教育是指个人为了未来职业发展而寻求更高学历教育水平形成的过度教育。无论是弥补型过度教育还是储备型过度教育，都隐含着个人职业发展的内在动力，而这与职业热爱均有着紧密联系。压力规避型过度教育是指部分人员出于对压力的厌恶，主动选取低于教育水平的岗位，以降低工作压力，进而形成过度教育。职业热爱度偏低可能是压力规避型过度教育者的共性特点。所以，职业热爱的心理效应对于教育与职业发展的契合度起着重要的调节作用。

第三节　研究设计

一、契合度的测度方法及变量定义

1. 契合度的测度方法

如前所述，教育特征与岗位契合度存在三种情形：匹配不足、匹配过度与适度匹配。关于过度教育（教育不足）的评价通常有两类：客观评价法与主观评价法。客观评价法包括工作分析法、众数法等。工作分析法是通过分析工作的实际内容，由专家评定工作适当教育水平，高于该教育水平的为过度教育，低于该教育水平则为教育不足。尽管从理论上看工作分析法较为合理科学，但是由于工作内容较为复杂，所以确定合理教育水平相对困难。众数法是指将劳动力就业市场上从事同一岗位最多的学历水平确认为适度教育水平，超过该教育水平被视作为过度教育，低于该教育水平则为教育不足。众数法尽管具有一定的实用价值，亦可以与实际工作匹配，但在不同年度，由于供给需求等因素影响，适度教育的判定水平可能存在一定偏差。主观评价法是指通过从业人员的主观判断，确定其教育水平是否高于实际工作所需教育水平，并进而判断是否存在过度教育。主观评价法相对简单，但是过度教育的评价易受评价个人的主观因素影响。

本章拟同时采用主观评价法与众数法测度过度教育。众数法测度过度教育主要基于上市公司数据，将自2000年以来每年财务总监人数最多的学历确认为过度教育水平。主观评价法测度过度教育则是对北京市职业院校、本科院校及社会会计人员以发放调查问卷的形式进行调研，由被调查者自行判断学历与实际工作匹配情况来认定是否存在过度教育。

专业相关性是指通过分析岗位工作与专业的相关性，判定专业与职位的匹配度水平。例如，会计专业毕业的学生如从事出纳、会计与财务经理等与专业相关职位，则视为专业与职位相匹配，否则，则视为专业与职位不匹配。

鉴于教育不足与过度教育具有一定的关联性，本章以过度教育与专业相关性测度教育特征与职业特征的契合度关系。

2. 变量定义及说明

本章及第四章、第五章涉及的变量定义如表3－1所示。

表3－1　　变量定义及说明

变量名称	变量符号	变量定义
学校类别	LEIBI	一般高职院校：1 示范类高职院校：2 普通本科院校：3 双一流学校（专业）：4
性别	GEN	男：1；女：0
学习成绩	CHENJI	排名前5%（含）：5 排名5%～20%（含）：4 排名20%～50%（含）：3 排名50%～95%（含）：2 排名后5%：1
专业热爱度	REAI	非常喜欢：5 比较喜欢：4 一般：3 不喜欢：2 非常不喜欢：1
学生干部	GANBU	校级学生会干部：3 院系学生会干部：2 班级干部：1 以上都没担任过：0

续表

变量名称	变量符号	变量定义
学历	XUELI	中专及以下：1 大专（高职）：2 专升本：3 普通本科：4 硕士研究生：5 博士研究生：6
大专虚拟变量	XUELIB	本科及以上：1 大专（高职）：0
本科虚拟变量	XUELID	本科以上：1 本科：0
政治关系	FGO	是否有政治关系 有：1；无：0
学术背景	ACADE	是否有学术背景 有：1；无：0
海外背景	OVERSEA	是否有海外背景 有：1；无：0
初级职称证书	CHUJI	取得初级职称证书：1；未取得初级职称证书：0
中级职称证书	ZHOJI	取得中级职称证书：1；未取得中级职称证书：0
高级职称证书	GAOJI	取得高级职称证书：1；未取得高级职称证书：0
注册会计师证书	CPA	取得注册会计师证书：1；未取得注册会计师证书：0
税务师	PROCTA	取得税务师证书：1；未取得税务师证书：0

续表

变量名称	变量符号	变量定义
管理会计师	PROCMA	取得管理会计师证书：1；未取得管理会计师证书：0
职称（执业资格证书）合计	PROFE	取得的职称（执业资格证书）数量
中级职称证书有用	ZHOJIY	认为中级职称证书有用：1；未认为中级职称证书有用：0
高级职称证书有用	GAOJIY	认为高级职称证书有用：1；未认为高级职称证书有用：0
注册会计师证书有用	CPAY	认为注册会计师证书有用：1；未认为注册会计师证书有用：0
月度收入	SALARY	2000（含）元以下：1 3001～5000（含）元：2 5001～1万（含）元：3 10001～2万（含）元：4 20001～3万（含）元：5 30001～5万（含）元：6 50000元以上：7
薪酬对数	LOGSALARY	财务总监薪酬的自然对数（注1）
分年度行业平均薪酬对数	LOGAVGSALARY	分年度行业平均薪酬的自然对数（注2）
职称（执业资格）证书合计	PROFE	取得的职称（执业资格证书）数量（注3）
注册会计师	PROCPA	虚拟变量 注册会计师：1；非注册会计师：0
税务师	PROCTA	虚拟变量 税务师：1；非税务师：0
地区	PROV	各年度分地区从业人员平均工资（注4）从小到大顺序编码
公司实际控制人性质	STATE	虚拟变量 国有：1；非国有：0

续表

变量名称	变量符号	变量定义
公司财务部门规模	LOGFM	公司财务部门人员的自然对数
性别	GENDER	性别 男：1；女：0
政治关系	FGO	基于曾任职务行政级别赋值： 国家级：6；省部级：5；厅局级：4；处级：3；科级：2；科员：1；无：0
学术背景	ACADE	是否有学术背景 有：1；无：0
海外背景	OVERSEA	是否有海外背景 有：1；无：0
工作单位性质	CHAR	国有及政府事业单位：1 非国有及政府事业单位：0
公司所在省	PROV	按照2017年从业人员平均工资（注2）从小到大顺序编码
过度教育	OVEDU	过度教育：1；非过度教育：0
过度教育年限	OVEREDUY	过度教育的年限：过度教育者的教育年限－适度教育者的教育年限
教育不足	UNEDU	教育不足：1；非教育不足：0
就业途径	TUJIN	学校及家庭社会关系：1 非学校及家庭社会关系：0
工作所在地	DISTR	北京及其他直辖市：5 省会城市：4 地级市：3 北京外县级市或者县城：2 北京外乡镇或者农村：1

续表

变量名称	变量符号	变量定义
户籍所在地	HJDIS	北京及其他直辖市：5 省会城市：4 地级市：3 北京外县级市或者县城：2 北京外乡镇或者农村：1
工作所在地与户籍地一致性	GHYZ	工作地与户籍地一致：1 工作地与户籍地不一致：0
知识应用度	ZSYY	学校知识应用度高：3 学校知识应用度一般：2 学校知识完全没用：1
能力应用度	NLYY	远高于：5 高于：4 等于：3 低于：2 远低于：1
期望的工资水平	EXSALA	工资福利待遇高于期望的工资水平：3 工资福利待遇等于期望的工资水平：2 工资福利待遇低于期望的工资水平：1 不好说：0
职业期望	ZHYEQI	很符合：3 符合：2 基本符合：1 不符合：-1 很不符合：-2

续表

变量名称	变量符号	变量定义
薪酬增长率	SAGROW	20%（含）以下：1 20%～50%（含）：2 50%～100%（含）：3 1～2（含）倍：4 2～5（含）倍：5 5倍以上：6 没有增长：0
职位晋升	ZHJN	职位晋升：1；职位未晋升：0
工作更换	GZCHAN	自毕业以来更换工作的数量： 未更换过：0 1个：1 2个：2 3个：3 3～5（含）个：4 5个以上：5
工作更换原因	GZCHANY	为了有更好的机会或发展：1 其他：0
工作复杂	COMPLEX	从事过复杂岗位工作：1 未从事过复杂岗位工作：0
单位对学历重视程度	DNXULI	非常看重：5 比较看重：4 一般：3 不看重：2 非常不看重：1
单位培训时间	PEIXUN	单位提供的培训时间： 小于5天（含）：1 5天～10天（含）：2 10天～20天（含）：3 20天～1个月（含）：4 1个月～3个月（含）：5 3个月～6个月（含）：6 6个月以上：7

续表

变量名称	变量符号	变量定义
个人培训时间	PPEIXUN	个人的培训时间： 小于5天（含）：1 5天~10天（含）：2 10天~20天（含）：3 20天~1个月（含）：4 1个月~3个月（含）：5 3个月~6个月（含）：6 6个月以上：7
就业满意度	MANYI	对工作状况总体满意度 非常满意：5 比较满意：4 一般：3 不太满意：2 非常不满意：1
母校教学水平整体评价	EDUPJ	母校教学水平整体评价 非常满意：5 比较满意：4 一般：3 不太满意：2 非常不满意：1
母校推荐度	EDUTJ	推荐母校就读 非常愿意：5 比较愿意：4 一般：3 不太愿意：2 非常不愿意：1
胜任工作时间	RSTIM	上岗即可胜任：1 1个月左右：2 3个月左右：3 6个月左右：4 1年左右：5 2年以上：6

续表

变量名称	变量符号	变量定义
工作年限（分类）	WORYEA	1 年（含）以内：1 1~3 年（含）：2 3~5 年（含）：3 5~8 年（含）：4 8~10 年（含）：5 10~15 年（含）：6 15~20 年（含）：7 20 年以上：8
工作年限（连续）	WORKYEAR	财务总监的工作年限

注：(1) 对于中途更换的财务总监薪酬，进行了估算处理，例如 3 月份更换，则：估算薪酬 =［公布薪酬/(12-3)］*12。(2) 分年度行业平均薪酬 =(分年度分行业财务总监薪酬总和 - 公司财务总监薪酬)/(分年度分行业财务总监人数 -1)，即在计算时剔除本公司薪酬后计算平均值。(3) 职称（执业资格证书）合计是对财务总监持有的执业资格证书及职业证书数量的合计。关于执业资格证书及职业证书，本章将财务总监持有的如下证书均包括在内：注册会计师、高级会计师、注册税务师、国际财务管理师、管理会计师、特许公认会计师、特许金融分析师、北美精算师、资产评估师、内审师等。由于职称（执业资格证书）的取得是学习和培训的过程，即使在取得证书后，也需要完成继续教育学时，所以本章将职业证书的取得与持有作为职业培训的替代变量。(4) 各年度分地区年从业人员平均工资数据取自国家统计局网站。

二、研究假设

基于前文框架分析，本章主要研究教育特征及职位特征对契合度的影响效应，并实证检验职业经验的中介效应及职业热爱的调节效应。

1. 教育特征对于契合度的影响

代馨（2016）发现专科学历人才主要表现为教育不足。相对于普通本科院校而言，职业院校由于更加突出工作能力与职业教育，过度教育的概率会相对较低；对于不同本科学校而言，专业声誉度较高的学校，教育质量越好，传递的信号质量水平也相对越高，因而过度教育发生的概率会相对较低。

假设 3.1：相对于本科院校，职业院校发生过度教育的可能性相对较低；

假设 3.2：对于不同本科学校而言，专业声誉度较高的学校，过度教育的概率会相对较低。

基于以往的研究，学历越高，发生过度教育的可能性越大（范皑皑，2012）。由此，我们可以得出如下研究假设：

假设 3.3：学历与过度教育呈现正向关系。

2. 职位特征对于契合度的影响

企业规模越大，代理层级越多，因而代理成本较高，从而需要付出较高的监督成本。企业为了降低监督成本，在选用人才时，需要将高质量的人员筛选出来。学历是重要的信号传递机制之一，因而规模较大的企业倾向于聘用学历更高的人员，客观上导致了过度教育现象的产生。由此可以得到假设：

假设 3.4：企业规模与过度教育呈现正相关关系。

企业职位层级越高，对于能力的要求也会越来越高，因而发生过度教育的可能性越小，由此可以得到假设：

假设 3.5：职位层级与过度教育呈现负相关关系。

尽管过度教育可能由宏观层面的供求失衡因素所导致，但是微观层面的学用区配才是个人可以掌控的因素。从会计专业的角度来看，在学历背景相对稳定的前提下，随着岗位的晋升，由于更高层级的岗位会有更高的职业能力要求，因而过度教育的程度会有所降低。由此，得出如下假设：

假设 3.6：职位晋升对于过度教育有显著的抑制作用。

3. 职业经验的中介影响效应

随着工作年限增长，可以利用的支持型资源越来越多，能够寻找到合适岗位的可能性越来越大，发生过度教育的可能性会呈现下降趋势。

假设 3.7：工作年限抑制了学历对于过度教育的正向影响效应。

财务工作尽管由统一准则及税收法规规范，但不同企业之间由于业务不同也会存在较大差异。从资源支持的角度来看，更换工作的次数越多，获得资源相对越多，因而过度教育的可能性越小。由此，得出如下假设：

假设 3.8：更换工作的次数抑制了学历对于过度教育的正向影响效应。

4. 职业热爱的调节效应

职业热爱是保障职业发展的重要动力机制，可以促进职业能力的提升，因而抑制职位特征对于过度教育的影响，但同时对于职业的热爱，也会促进学历水平的提高，因而增强了教育特征对于过度教育的影响。

假设 3.9：职业热爱调节了学历对于过度教育的正向影响效应。

第四节　基于问卷调查的过度教育实证检验

本部分研究主要使用问卷调查的方法。问卷调查主要在北京市本科院校与高职会计专业学生中开展。除社会上随机调研的会计人员问卷外，本次收集调查问卷共计 1031 份。

如表 3－2 所示，在 1031 个人中，男性为 246 人，女性为 785 人。学历为专科的人员共计 414 人，专升本人员为 249 人，普通本科为 212 人，硕士为 147 人，博士为 9 人。

表 3－2　　定向学校调研—性别与学历分析表

性别	大专	专升本	普通本科	硕士	博士	小计
男	103	54	60	22	7	246
女	311	195	152	125	2	785
小计	414	249	212	147	9	1031

如表 3－3 所示，在定向学校调研中，联大续本人员共计 62 人，自主创业人员 45 人，任职单位 797 人，无业人员 127 人。

表 3-3　定向学校调研—性别与工作状况分析表

性别	联大续本	自主创业	任职单位	无业	小计
女	55	21	607	102	785
男	7	24	190	25	246
小计	62	45	797	127	1031

此外，为了进行辅助分析，还对社会会计人员进行了调查，共收集调查问卷233份（见表3-4）。

表 3-4　社会调研—性别与学历分析表

性别	中专	大专	专升本	普通本科	硕士	小计
男	2	11	20	47	16	96
女	2	38	27	61	9	137
小计	4	49	47	108	25	233

一、问卷信度与效度分析

1. 问卷信度分析

本章选取了问卷中15个主要变量，运用STATA的alpha命令对问卷进行了信度分析，检验结果如表3-5所示。

表 3-5　问卷信度分析

平均项间协方差（Average interitem covariance）	0.2881231
变量数量（Number of items in the scale）	15
可靠性系数（Scale reliability coefficient）	0.7502

如表3－5所示，可靠性系数α值为0.7502，大于0.7，表明问卷信度较好。

2. 问卷效度分析

接下来对问卷进行效度分析，常用的方法是分析KOM值和进行Bartlett球形检验。检验结果如表3－6所示。

表3－6　问卷效度分析

Bartlett的球形度检验（近似卡方）	2838.409
Kaiser－Meyer－Olkin	0.828
p-value	0.000

从表可以看到，巴特利特球形检验统计量的观测值为2838.409，相伴概率p值为0.000，小于0.05，同时，KMO统计值为0.828，大于0.7，表明被检测的问卷效度可以得到认可。

二、描述性统计

基于被调查者的主观判断，在大专学历的学生中，过度教育占比8.36%，在本科学历的人员中，过度教育占比22.51%；在硕士研究生学历的人员中，过度教育占比41.38%（见表3－7）。按照王广慧（2017）[①]的研究，研究生（包括博士）群体中教育过度的比例最高，本书得出了类似的结论。

① 王广慧：《高校毕业生过度教育的度量及其对就业质量的影响》，载《教育与经济》2017年第6期。

表 3-7　　过度教育描述性统计—基于学历

学历	过度教育								
	不好说		低于工作要求		恰好满足工作要求		高于工作要求		小计
大专（高职）	30	9.65%	74	23.79%	181	58.20%	26	8.36%	311
专升本	0	0.00%	41	19.07%	142	66.05%	32	14.88%	215
普通本科	0	0.00%	30	15.71%	118	61.78%	43	22.51%	191
硕士研究生	0	0.00%	6	5.17%	62	53.45%	48	41.38%	116
博士研究生	0	0.00%	1	11.11%	3	33.33%	5	55.56%	9
小计	30		152		506		154		842

一般认为由于女性需要承担更高家庭责任，在工作寻找时相对处于劣势，所以对于女性而言，可能更容易陷入过度教育的状态。但在表 3-8 中并未发现这一趋势。教育高于工作要求中，女性比例反而略低于男性比例。

表 3-8　　过度教育描述性统计—基于性别

性别	过度教育								
	不好说		低于工作要求		恰好满足工作要求		高于工作要求		小计
男	3	1.40%	47	21.96%	123	57.48%	41	19.16%	214
女	27	4.30%	105	16.72%	383	60.99%	113	17.99%	628
小计	30		152		506		154		842

按照以往研究，初次就业进入国有企业员工的过度教育显著高于非国有企业（范皑皑、丁小浩，2013）。从表 3-9 中可以看出，入职国有与政府单位的过度教育比例（教育水平高于工作要求比例）高于非国有与政府单位。

表 3-9　　过度教育描述性统计—基于初次就业

工作单位性质	过度教育								
	不好说		低于工作要求		恰好满足工作要求		高于工作要求		小计
非国有与政府单位	17	18.28%	16	17.20%	46	49.46%	14	15.05%	93
国有与政府单位	6	12.77%	7	14.89%	25	53.19%	9	19.15%	47
小计	23		23		71		23		140

注：初次就业基本调查问卷选取工作年限在 1 年以内的人员进行统计。

当工作地与户籍所在地一致时，可能能获得更多资源，但不一致时，可以获得支持的资源相对较少，因而存在通过提升教育水平弥补其他资源的不足的可能性，所以发生过度教育的可能性更高。

从表 3-10 可以看到，当工作地与户籍所在地一致时，出现了过度教育所占比例低于不一致的情形，表明支持资源的不足有可能导致过度教育的发生。

表 3-10　　过度教育描述性统计—工作地与户籍所在地分析

	过度教育								
	不好说		低于工作要求		恰好满足工作要求		高于工作要求		小计
不一致	16	5.06%	56	17.72%	174	55.06%	70	22.15%	316
一致	14	2.66%	96	18.25%	332	63.12%	84	15.97%	526
小计	30		152		506		154		842

三、过度教育的影响因素实证分析

基于以往研究和前文分析，将性别、学历、学习成绩、专业热爱度、工作年限、工作单位性质、岗位、单位财务人员人数、学校类别、工作所在地与户籍地一致性、职位晋升、工作更换和就业途径纳入模型，进行实证检验，如模型（3.1）所示。

$$OVEDU = \beta_1 GEN + \beta_2 XUELI + \beta_3 CHENJI + \beta_4 REAI + \beta_5 WORYEA + \beta_6 CHAR + \beta_7 GAWE + \beta_8 NCAIWU + \beta_9 LEIBI + \beta_{10} GHYZ + \beta_{11} ZHJN + \beta_{12} GZCHAN + \beta_{13} TUJIN + \varepsilon \quad (3.1)$$

$$OVEDU = \beta_1 GEN + \beta_2 XUELI + \beta_3 CHENJI + \beta_4 REAI + \beta_5 WORYEA + \beta_6 CHAR + \beta_7 GAWE + \beta_8 NCAIWU + \beta_9 LEIBI + \beta_{10} GHYZ + \beta_{11} ZHJN + \beta_{12} GZCHAN + \beta_{13} TUJIN + \beta_{14} XUELI \times WORYEA + \varepsilon \quad (3.1a)$$

$$OVEDU = \beta_1 GEN + \beta_2 XUELI + \beta_3 CHENJI + \beta_4 REAI + \beta_5 WORYEA + \beta_6 CHAR + \beta_7 GAWE + \beta_8 NCAIWU + \beta_9 LEIBI + \beta_{10} GHYZ + \beta_{11} ZHJN + \beta_{12} GZCHAN + \beta_{13} TUJIN + \beta_{14} XUELI \times ZHJN + \varepsilon \quad (3.1b)$$

$$OVEDU = \beta_1 GEN + \beta_2 XUELI + \beta_3 CHENJI + \beta_4 REAI + \beta_5 WORYEA + \beta_6 CHAR + \beta_7 GAWE + \beta_8 NCAIWU + \beta_9 LEIBI + \beta_{10} GHYZ + \beta_{11} ZHJN + \beta_{12} GZCHAN + \beta_{13} TUJIN + \beta_{14} XUELI \times GZCHAN + \varepsilon \quad (3.1c)$$

$$OVEDU = \beta_1 GEN + \beta_2 XUELI + \beta_3 CHENJI + \beta_4 REAI + \beta_5 WORYEA + \beta_6 CHAR + \beta_7 GAWE + \beta_8 NCAIWU + \beta_9 LEIBI + \beta_{10} GHYZ + \beta_{11} ZHJN + \beta_{12} GZCHAN + \beta_{13} TUJIN + \beta_{14} REAI \times GAWE + \varepsilon \quad (3.1d)$$

$$OVEDU = \beta_1 GEN + \beta_2 XUELI + \beta_3 CHENJI + \beta_4 REAI + \beta_5 WORYEA + \beta_6 CHAR + \beta_7 GAWE + \beta_8 NCAIWU + \beta_9 LEIBI + \beta_{10} GHYZ + \beta_{11} ZHJN + \beta_{12} GZCHAN + \beta_{13} TUJIN + \beta_{14} XUELI \times PEIXUN + \varepsilon \quad (3.1e)$$

对模型（3.1）、模型（3.1a）和模型（3.1b）分别采用 Probit 进行回归，回归结果如表 3 - 11 所示。在模型中，基于调查问卷个人对于教育与工作水平的判断来确定是否过度教育，认为教育水平高于现有工作要求水平的为过度教育。需要说明的是，由于在模型（3.1）中，工作年限、工作更换的系数并不显著，所以工作年限与工作更换对于学历而言不存在中介影响效应，所以仅就其对于学历的调节效应进行检验。为了研究职业经验与职位特征、教育特征的交互作用效应以及职业热爱的调节效应，将学历与工作年限、学历与职位晋升、学历与工作更换、学历与单位培训时间、岗位与专业热爱的交互项分别纳入模型，如模型（3.1a）、模型（3.1b）、模型（3.1c）、模型（3.1d）、模型（3.1e）所示，进行实证检验。

表 3-11　　过度教育影响因素模型回归结果

变量名称	变量符号	模型（3.1）	模型（3.1a）	模型（3.1b）
性别	GEN	0.144262 (1.07)	0.13864 (1.02)	0.140499 (1.04)
学历	XUELI	0.325122*** (4.03)	0.256293** (1.97)	0.231728** (2.22)
学习成绩	CHENJI	0.121172** (2.1)	0.119579** (2.07)	0.123622** (2.14)
专业热爱度	REAI	0.023656 (0.34)	0.022804 (0.33)	0.019994 (0.29)
工作年限	WORYEA	-0.00811 (-0.22)	-0.08463 (-0.7)	-0.01604 (-0.43)
工作单位性质	CHAR	0.185636 (1.52)	0.18779 (1.54)	0.200502 (1.63)
岗位	GAWE	-0.04317 (-0.99)	-0.04173 (-0.96)	-0.03946 (-0.9)
单位财务人员人数	NCAIWU	-0.01676 (-0.57)	-0.01633 (-0.55)	-0.01613 (-0.55)
学校类别	LEIBI	0.035061 (0.3)	0.039521 (0.41)	0.054273 (0.56)
工作所在地与户籍地一致性	GHYZ	-0.18681 (-1.56)	-0.17593 (-1.46)	-0.17634 (-1.47)
职位晋升	ZHJN	-0.17002 (-1.33)	-0.17306 (-1.35)	-0.68342 (-1.76)

续表

变量名称	变量符号	模型（3.1）	模型（3.1a）	模型（3.1b）
工作更换	GZCHAN	0.054023 (1.1)	0.051849 (1.05)	0.049933 (1.01)
就业途径	TUJIN	-0.18165 (-1.4)	-0.18941 (-1.46)	-0.19689 (-1.51)
学历×工作年限	XUELI×WORYEA		0.019693 (0.67)	
学历×职位晋升	XUELI×ZHJN			0.146977 (1.4)
Pseudo R^2		0.0943	0.0949	0.0969
样本规模		750	750	750

注：①括号内为z值。***、**、*分别表示在1%、5%和10%的水平上显著。
②样本规模为750，是因为某高职院校2015级学生在发放问卷时由于毕业在1年以内，对于工作的92名人员未进行职业晋升与工作更换统计。

模型（3.1b）中，从教育特征来看，学校类别代表了学校的整体教育水平，学校教育水平与过度教育呈现正向关系，表明学校层次越高，声誉度水平越高，出现过度教育的可能性反而越大，在一定程度上证明了假设（3.1），即职业院校过度教育发生可能性较低，但与假设（3.2）并不一致，本科类院校的声誉度水平并未抑制过度教育发生的可能性。学历与过度教育成正向关系且显著。因为过度教育本质上是学历与岗位的匹配关系，所以学历越高，出现过度教育的可能性越大，与假设（3.3）一致。学习成绩的系数为正，且在5%的水平上显著，表明学习成绩越好的学生，发生过度教育的可能性越大，这有可能是因为学习成绩越好的人员，对工作掌控程度越高。意外的是，模型中性别的系数为正，并未发现女性过度教育水平更高的趋势。

基于职位特征来看，单位财务人员人数表征了企业规模，当财务人员人数越高时，可能表明企业业务越复杂，所以单位财务人员人数系数为负，表明企业规模与过度教育呈现负向关系，与假设3.4并不一致。这可能是因为信息经济下，企业与求职人员的信息不对称程度呈现降低趋势，因而人员与职位的匹配度有所提高。工作单位性质系数为正，表明国有企业与政府机构的就业人员过度教育水平相对较高。岗位与过度教育成负向关系，尽管并不显著，但在一定程度上表明岗位层级越高，过度教育水平越低的趋势。

基于支持资源来看，当工作所在地与户籍地一致时，过度教育水平越低。职位晋升系数为负，但工作更换次数为正，表明职位晋升有可能会抑制过度教育水平，这与前面假设一致。但工作更换原因相对复杂，并未观测到对于过度教育水平的抑制效应。就业途径系数为负，表明通过学校与家庭资源获取工作机会的人员支持资源较多，因而会抑制过度教育水平。

工作年限的系数为负，因而工作经验有助于抑制过度教育发生的可能性。在模型（3.1a）中加入学历与工作年限的交互项后，发现交互项系数为正，但其系数小于工作年限的系数，表明尽管对于同一工作年限的人员，学历水平越高仍然会增加过度教育发生的可能性，但不能完全扭转工作年限对于过度教育水平的负向影响效应。

在模型（3.1b）中，学历与职位晋升的交互项为正，但系数小于职位晋升的系数，表明即使存在学历对于职位晋升的调节作用，也未能改变职位晋升抑制过度教育水平的趋势。

如表3－12所示，在模型（3.1c）中，学历与工作更换的交互项系数为负，表明工作更换可能存在一定的负向调节效应，但由于其系数小于工作更换的系数，因而未能观测到工作更换次数对于过度教育水平的抑制效应。

表3－12　过度教育影响因素模型回归结果

变量名称	变量符号	模型（3.1c）	模型（3.1d）	模型（3.1e）
性别	GEN	0.148459 （1.1）	0.134084 （0.98）	0.14766 （1.07）
学历	XUELI	0.351205*** （3.54）	0.328594*** （4.05）	0.367751*** （4.19）

续表

变量名称	变量符号	模型（3.1c）	模型（3.1d）	模型（3.1e）
学习成绩	CHENJI	0.121707** (2.11)	0.122646** (2.11)	0.112616* (1.92)
专业热爱度	REAI	0.022561 (0.33)	-0.15556 (-1.3)	0.034022 (0.48)
工作年限	WORYEA	-0.0053 (-0.14)	-0.01148 (-0.31)	-0.00797 (-0.21)
工作单位性质	CHAR	0.18189 (1.48)	0.194406 (1.59)	0.197869 (1.59)
岗位	GAWE	-0.04376 (-1.01)	-0.3032** (-2)	-0.03799 (-0.86)
单位财务人员人数	NCAIWU	-0.01718 (-0.58)	-0.01644 (-0.56)	-0.0094 (-0.31)
学校类别	LEIBI	0.02808 (0.29)	0.028531 (0.29)	0.024259 (0.25)
工作所在地与户籍地一致性	GHYZ	-0.18698* (-1.56)	-0.20599 (-1.71)	-0.13749 (-1.12)
职位晋升	ZHJN	-0.16695 (-1.3)	-0.16577 (-1.29)	-0.17696 (-1.34)
工作更换	GZCHAN	0.116868 (0.8)	0.054895 (1.12)	0.044406 (0.89)
就业途径	TUJIN	-0.17814 (-1.37)	-0.17365 (-1.34)	-0.20118 (-1.5)
学历×工作更换	XUELI×GZCHAN	-0.018323 (-0.45)		

续表

变量名称	变量符号	模型（3.1c）	模型（3.1d）	模型（3.1e）
岗位×专业热爱	REAI×GAWE		0.072817* （1.82）	
学历×单位培训时间	XUELI×PEIXUN			-0.02006* （-1.65）
Pseudo R^2		0.0945	0.0988	0.0941
样本规模		750	750	712

注：括号内为z值。***、**、*分别表示在1%、5%和10%的水平上显著。

模型（3.1d）中，在加入岗位与专业热爱的交互项后，专业热爱的系数为负，表明专业热爱度抑制了过度教育的倾向性，但交互项系数为正，且在10%的水平上显著，表明对于同一岗位层级的人员，专业热爱度高的个体更具过度教育倾向。但鉴于交互项系数值较小，并不能改变专业热爱度与岗位层级水于对于过度教育的抑制效应。

模型（3.1e）中，学历与单位培训时间的交互项系数为负，且在10%的水平上显著，表明单位培训时间抑制了过度教育发生的可能性，学历与单位培训时间之间可能存在一定的替代效应。

四、CEM匹配——学历对过度教育的影响效应

前面实证模型中已经发现了学历对于过度教育的重要影响。为了更加深入地研究学历是否是影响过度教育的重要因素，本部分将样本分为专科学历组（对照组）和本科以上学历组（处理组）进行对照分析，测度并比较两组样本对过度教育影响效应的不同。但是由于学历本身具有自选择性，而这种选择会影响学历与过度教育之间因果关系判断的效度。所以，有必要基于Coarsened Exact Matching（广义精确匹配或粗粒度精确匹配）进行匹配，创建一个与处理组在可观测的协变量上分布尽可能接近的对照组，以尽可能降低自选择性因素对于学历的影响，从而可以更加清晰地厘

定学历对于过度教育的影响。

本部分利用 STATA15 中的 CEM 中的命令进行倾向值匹配。本部分内容分别比较专科及以下与本科及以上组别，本科与高职组别进行匹配。CEM 可以通过控制观测数据中混杂因素对政策结果影响使处理组与控制组的协变量的分布尽可能保持平衡，从而增强两组数据之间的可比性。基于以往研究，学生在做出高职学校与本科学历学校决策时，最重要的影响因素是成绩。学生的不同，招生分数线不同，因而户籍所在地是影响学生高职院校与本科院校选择的重要因素。学生性别对于学生在中学阶段的成绩有着重要影响，对于会计专业而言，学生在选择专业时也会受到性别的影响，一般而言，报考会计专业的女生比重会较高些。工作年限与岗位不同，也会影响学历对于过度教育的政策影响效应。所以，可以将性别、户籍所在地、工作年限与岗位作为协变量，进行匹配。CEM 匹配中通过变量 L1 测度组别之间数据的平衡性，L1 取值范围在 0 和 1 之间，越接近 0，表明两组数据平衡程度越大，越接近 1，则表明两组数据不平衡程度越大。一般来说，匹配后 L1 较匹配前的 L1 有所下降，CEM 的匹配效果较好。CEM 匹配后两组数据的样本量可能会不相等，因此 CEM 匹配过程中会产生权重变量（Weight），以此来平衡每层中参与组和控制组的人数①。

在基于专科及以下与本科及以上组别分类时，利用 imb 函数测算出的匹配前的 L1 值为 0.3081，进一步利用 CEM 匹配后得出的 L1 值为 1.050e－16，表明匹配程度极好。具体匹配样本结果如表 3－13 所示。

表 3－13　　CEM 样本匹配结果（专科及以下学历和本科及以上）

	专科及以下样本	本科及以上样本
全部样本	534	308
匹配样本	435	192
未匹配样本	99	116

① 引自：Stata 连享会：王海洋：《Stata：广义精确匹配－Coarsened Exact Matching》。

进一步对模型（3.1f）进行 Probit 回归分析。

$$OVEDU = \beta_1 CHENJI + \beta_2 REAI + \beta_3 CHAR + \beta_4 NCAIWU + \beta_5 GHYZ + \beta_6 TUJIN + \beta_7 TREAT(cem\_weights) + \varepsilon \qquad (3.1f)$$

在模型（3.1f）中，TREAT 是基于专科及以下与本科及以上组别分类，专科及以下学历赋值为 0，本科及以上组别学历赋值为 1，并引入 CEM 匹配的权重，其余变量与之前相同。回归结果如表 3－14 所示。

基于专科与本科组别分类时，利用 imb 函数测算出的匹配前的 L1 值为 0.5028，进一步利用 CEM 匹配后得出的 L1 值为 6.505e－16，表明匹配程度极好。具体匹配样本结果如表 3－14 所示。

表 3－14　　CEM 样本匹配结果（专科及本科）

	专科样本	本科样本
全部样本	534	183
匹配样本	366	129
未匹配样本	168	54

接下来，基于本科与本科以上组别分类时，利用 imb 函数测算出的匹配前的 L1 值为 0.5709，进一步利用 CEM 匹配后得出的 L1 值为 2.689e－16，表明匹配程度极好。具体匹配样本结果如表 3－15 所示。

表 3－15　　CEM 样本匹配结果（本科及本科以上）

	专科样本	本科样本
全部样本	183	125
匹配样本	75	50
未匹配样本	108	75

进一步对模型（3.1f）基于专科与本科样本进行 Probit 回归分析，回归结果如表 3－16 所示。

表 3-16　　CEM 匹配模型回归结果

变量名称	变量符号	专科及以下学历和本科及以上	专科及本科	本科及本科以上
学习成绩	CHENJI	0.192178*** (2.93)	0.157438** (2.02)	-0.0572 (-0.48)
专业热爱度	REAI	0.06093 (0.8)	-0.00869 (-0.09)	-0.0844 (-0.57)
工作单位性质	CHAR	0.281691** (2.08)	0.313771* (1.91)	0.433392 (1.48)
单位财务人员人数	NCAIWU	-0.02872 (-0.88)	-0.06223 (-1.59)	-0.10912* (-1.73)
工作所在地与户籍地一致性	GHYZ	-0.21855 (-1.54)	-0.46551*** (-2.7)	-0.4829* (-1.65)
就业途径	TUJIN	-0.30912* (-2.15)	-0.35828** (-2.08)	-0.16918 (-0.62)
学历分组	TREAT	0.63852*** (4.84)		
学历分组 1	TREAT1		0.473248*** (2.92)	
学历分组 2	TREAT2			0.520002** (2.05)
Pseudo R^2		0.0906	0.0790	0.0770
样本规模		627	495	125

注：括号内为 z 值。***、**、* 分别表示在 1%、5% 和 10% 的水平上显著。

如表 3-15 所示，无论是基于专科及以下学历和本科及以上分组、专科和本科分组，还是基于本科与本科以上分组，组别之间的差异（TREAT、TREAT1 和 TREAT2）均在 1% 的水平上显著，这表明在控制其他因素之后，不同学历组别之间的差异依旧显著。

在前两个回归模型中，学习成绩与工作单位性质均与过度教育水平呈现正相关关系，且系数显著，这表明学习成绩越好，发生过度教育的可能性越大，国有及政府单位确实存在通过高学历筛选人才的可能性。就业途径的系数为负且显著，表明学校与家庭资源的支持确实抑制了过度教育的可能性。

在专科与本科分组、本科与本科以上分组中，工作所在地与户籍地一致的人员，发生过度教育的可能性较低。

在本科与本科以上分组中，工作单位性质的系数并不显著，表明政府与国有企业对于本科以下学历存在一定的排斥，但对于本科与本科以上学历并无选择的显著差异。单位财务人员人数系数为负，且在10%的水平上显著，表明业务规模大且复杂的企业，抑制了过度教育发生的可能性。

第五节　基于财务总监数据的过度教育实证检验

本部分实证研究样本数据来自国泰安数据库，学历等描述性统计数据区间为2000～2017年。但由于数据库中职业资格证书与工作经历等数据自2008年起开始统计，直至2012年度信息才相对翔实，所以回归模型的数据区间为2012～2017年。

一、描述性统计

从国泰安数据库下载的财务总监学历数据如表3－17所示。从表中可以看到，2003年前财务总监中大专所占比例高于本科和其他学历比例，在2003年后，本科所占比例居于各学历占比最高。基于实际工作分析的众数法评价，2003年前，可以认为大专学历是适当教育水平，本科及以上学历为过度教育，中专及以下学历为教育不足。在2003年及之后年度，可以认为本科学历是适当教育水平，硕士研究生和博士研究生为教育过度。

表 3-17　　2000~2017 年财务总监学历表

年度	数量							百分比（%）					
	中专及中专以下	大专	本科	硕士研究生	博士研究生	其他	合计	中专及中专以下	大专	本科	硕士研究生	博士研究生	其他
2000	43	171	142	35	1	0	392	10.97	43.62	36.22	8.93	0.26	0
2001	28	173	131	32	2	0	366	7.65	47.27	35.79	8.74	0.55	0
2002	36	158	132	38	6	0	370	9.73	42.70	35.68	10.27	1.62	0
2003	35	279	295	146	7	4	766	4.57	36.42	38.51	19.06	0.91	0.52
2004	34	316	383	194	9	0	936	3.63	33.76	40.92	20.73	0.96	0
2005	23	248	344	187	8	0	810	2.84	30.62	42.47	23.09	0.99	0
2006	21	227	382	218	7	0	855	2.46	26.55	44.68	25.50	0.82	0
2007	22	255	437	287	12	0	1013	2.17	25.17	43.14	28.33	1.18	0
2008	20	240	440	309	14	0	1023	1.96	23.46	43.01	30.21	1.37	0
2009	16	251	507	359	22	0	1155	1.39	21.73	43.90	31.08	1.90	0
2010	35	401	788	494	31	1	1750	2.00	22.91	45.03	28.23	1.77	0.06
2011	36	449	919	566	40	1	2011	1.79	22.33	45.70	28.15	1.99	0.05
2012	27	430	945	606	38	2	2048	1.32	21.00	46.14	29.59	1.86	0.10
2013	25	365	903	594	34	2	1923	1.30	18.98	46.96	30.89	1.77	0.10
2014	34	415	1013	665	32	1	2160	1.57	19.21	46.90	30.79	1.48	0.05
2015	30	456	1177	820	37	0	2520	1.19	18.10	46.71	32.54	1.47	0
2016	33	455	1319	970	39	2	2818	1.17	16.15	46.81	34.42	1.38	0.07
2017	19	314	874	526	19	1	1753	1.08	17.91	49.86	30.01	1.08	0.06
合计	517	5603	11131	7046	358	14	24669	2.10	22.71	45.12	28.56	1.45	0.06

从表3-17可以看出，自2003年后，本科与研究生占比呈现上升趋势，而大专学历占比呈现明显下降趋势。在工作性质及内容未发生根本变化的前提下，学历呈现上升趋势，直观地说明了过度教育的存在。

在表3-18中，将财务总监的学历按企业性质分类。硕士研究生及以上学历中央国有企业占比为54.62%，地方国有企业占比41.26%，明显高于民营及其他企业的27.05%。这在一定程度上表明了国有企业对于学历的要求会更高些，因而在国有企业存在过度教育的现象会更加严重一些。

表3-18　2017年度财务总监分不同公司性质占比　单位：%

控制性质	合计	中专及中专以下	大专	本科	硕士研究生	博士研究生
中央国有企业	119	0.00	5.04	40.34	50.42	4.20
地方国有企业	269	0.74	10.41	47.58	40.52	0.74
民营及其他企业	1364	1.25	20.53	51.17	26.17	0.88
合计	1752①	1.08	17.92	49.89	30.02	1.08

刘云波和钟宇平（2012）认为过度教育存在积极效应，过度教育的存在可能源于产业结构升级所需的人才积累，并且通过统计数据发现了行业过度教育率与GDP贡献率之间的同向变动关系。同时，由于行业与企业间存在收入差异，所以选择教育层次高于现有工作要求的岗位可能亦是求职者的理性选择。从表3-19可以看出，金融业本科以上占比最高，可能与金融业行业特点及收入有关。

表3-19　2017年度财务总监分行业占比　单位：%

行业	合计	中专及中专以下	大专	本科	硕士研究生	博士研究生
交通运输、仓储和邮政	39	0.00	15.38	41.03	43.59	0.00

① 与表3-17相比，剔除1个其他样本。

续表

行业	合计	中专及中专以下	大专	本科	硕士研究生	博士研究生
住宿和餐饮业	3	0.00	0.00	66.67	33.33	0.00
信息技术业	131	0.00	12.98	48.85	35.88	2.29
农、林、牧、渔业	12	0.00	33.33	33.33	33.33	0.00
制造业	1186	1.43	20.40	50.76	26.73	0.59
卫生和社会工作	2	0.00	0.00	50.00	50.00	0.00
建筑业	37	0.00	13.51	48.65	35.14	2.70
房地产业	57	0.00	7.02	50.88	38.60	3.51
批发和零售业	61	3.28	14.75	44.26	37.70	0.00
文化、体育和娱乐业	31	0.00	22.58	45.16	32.26	0.00
水利、环境和公共设施	31	0.00	6.45	61.29	32.26	0.00
电力、热力、燃气等	52	0.00	7.69	55.77	36.54	0.00
科学研究和技术服务业	28	0.00	14.29	46.43	39.29	0.00
租赁和商务服务业	26	0.00	11.54	42.31	38.46	7.69
综合	6	0.00	33.33	33.33	33.33	0.00
采矿业	28	0.00	17.86	50.00	28.57	3.57
金融业	23	0.00	0.00	39.13	47.83	13.04

二、过度教育影响因素

1. 样本选择与模型设计

基于前文框架，过度教育受到教育特征与职位特征的共同影响。但关于财务总监的过度教育研究采用众数法确定，过度教育水平与学历呈现强自相关关系，因而不宜将学历纳入过度教育的分析模型。在模型中，将性别、政治关系、海外背景和学术背景作为个人特征纳入模型。将公司所在省、公司实际控制人性质和公司财务部门规模作为职位特征纳入模型。

本部分主要基于财务总监职位，在研究教育与职位特征对过度教育影响的基础上，深入分析职业经验内部特征（工作年限与职业证书）对于过度教育的影响。如图3－2所示，从人力资本理论来看，工作年限的增长可以促进人力资本水平提升，对于储备型过度教育与补偿型过度教育都会存在显著的抑制作用。个人持有的职业证书可能会对工作年限之于过度教育的影响起到调节或中介作用效应。基于上市公司财务总监数据分析，由于职位固定，因而可以剔除不同职位差异性因素影响。同时，由于财务总监处于财务人员的高级发展阶段，工作年限较长，工作经验普遍较为丰富，且拥有各类证书的人数较多，因而更加有利于研究工作年限与职业证书对过度教育的影响效应。

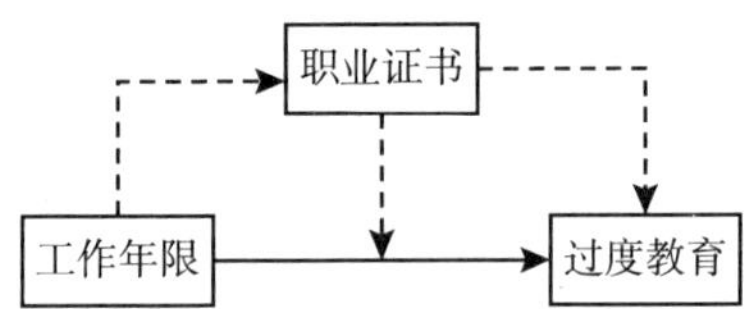

图3－2　工作年限、职业证书对过度教育的影响效应

在模型（3.2a）和（3.2c）中，以过度教育的虚拟变量作为因变量，在模型（3.2b）和（3.2d）中，以过度教育年限作为因变量。工作年限与职业证书数量及其交互项分别被纳入模型中，用以分析其各自对过度教育的影响效应。

$$OVEDU = \beta_0 + a_1 \times WORKYEAR + a_2 \times PROFE + a_3 \times PROV + a_4 \times STATE + a_5 \times LOGFM + a_6 \times GEN + a_7 \times FGO + a_8 \times ACADE + a_9 \times OVERSEA + a_{10} \times DUMMY\_N \quad (3.2a)$$

$$OVEREDUY = a_0 + a_1 \times WORKYEAR + a_2 \times PROFE + a_3 \times PROV + a_4 \times STATE + a_5 \times LOGFM + a_6 \times GEN + a_7 \times FGO + a_8 \times ACADE + a_9 \times OVERSEA + a_{10} \times DUMMY\_N \quad (3.2b)$$

$$OVEDU = a_0 + a_1 \times WORKYEAR + a_2 \times PROFE + a_4 \times PROFE \times WORKYEAR + a_3 \times PROV + a_4 \times STATE + a_5 \times LOGFM + a_6 \times GEN + a_7 \times FGO + a_8 \times ACADE + a_9 \times OVERSEA + a_{10} \times DUMMY\_N \quad (3.2c)$$

$$OVEREDUY = a_0 + a_1 \times WORKYEAR + a_2 \times PROFE + a_4 \times PROFE \times WORKYEAR + a_3 \times PROV + a_4 \times STATE + a_5 \times LOGFM + a_6 \times GEN + a_7 \times FGO + a_8 \times ACADE + a_9 \times OVERSEA + a_{10} \times DUMMY\_N \quad (3.2d)$$

2. 模型回归结果

本文对模型（3.2a）和（3.2c）采用 probit 回归，对模型（3.2b）和（3.2d）采用普通 OLS 回归，数据来源为国泰安数据库，涵盖期间为 2012～2017 年，统计软件为 STATA15。回归结果如表 3-20 所示。

表 3-20　模型回归结果

变量名称	变量符号	模型（3.2a）	模型（3.2b）	模型（3.2c）	模型（3.2d）
工作年限	WORKYEAR	-0.06007*** (0.000)	-0.03963*** (0.000)	-0.06366*** (0.000)	-0.04015*** (0.000)
职称（执业资格证书）合计	PROFE	0.069902*** (0.000)	0.034535*** (0.001)	-0.04229 (0.472)	0.016622 (0.679)
证书与工作年限交互项				0.005191 (0.049)	0.000805 (0.645)

续表

变量名称	变量符号	模型（3.2a）	模型（3.2b）	模型（3.2c）	模型（3.2d）
公司所在省	PROV	0.011792 *** (0.000)	0.008787 *** (0.000)	0.011862 *** (0.000)	0.008796 *** (0.000)
公司实际控制人性质	STATE	0.380777 *** (0.000)	0.275159 *** (0.000)	0.380301 *** (0.000)	0.275015 *** (0.000)
公司财务部门规模	LOGFM	0.235854 *** (0.000)	0.179174 *** (0.000)	0.234936 *** (0.000)	0.178999 *** (0.000)
性别	GEN	0.161688 *** (0.000)	0.120875 *** (0.000)	0.161203 *** (0.000)	0.120776 *** (0.000)
政治关系	FGO	0.02057 (0.274)	0.026357 ** (0.042)	0.020089 (0.285)	0.026301 ** (0.043)
学术背景	ACADE	0.710396 *** (0.000)	0.685544 *** (0.000)	0.706757 *** (0.000)	0.684922 *** (0.000)
海外背景	OVERSEA	0.991248 *** (0.000)	0.72759 *** (0.000)	0.994764 *** (0.000)	0.727938 *** (0.000)
控制行业变量					
Adj R - squared			0.1607		0.1606
Pseudo R^2		0.1315		0.1317	
样本规模		11542	11542	11542	11542

注：括号内报告 P 值。***、**、* 分别表示在 1%、5% 和 10% 的水平上显著。

在上述四个回归模型中，工作年限均与过度教育（年限）呈现负向关系，且在 1% 的水平上显著，这意味着工作年限与过度教育呈现了明显的替代关系。表明在财务总监入职时，工作年限是企业考虑的重要指标，可以替代对于学历的要求，因而能在一定程度上抑制过度教育水平。职称（执业资格）证书合计数量与过度教育成正向关系，并且模型（3.2a）、模型（3.2c）中系数均在 1% 的水平上显著，这意味着职称（执业资格）证书的持有数量并不能抑制过度教育水平，不能替代学历在求职过程中的作用。并且执有证书数量较多的人，过度教育水平反而越高。这可能表明证书的取得是出于补偿性过度教育的需要，个人通过获取各类证书以弥补人力资本的不足。当然从筛选理论的角度来看，证书数量更多表征的是一种信号。在加入证书数量与工作年限的交互项后，发现证书数量的回归系数不再显著，在两个模型中，交互项均为正，尽管并不显著，但表明证书的合计数量对于工作经验之于过度教育的消极影响效应起到一定抑制作用。

同时，在表3－20中我们注意到，公司所在省的平均工资水平与过度教育呈现正向关系，且在各个模型中均在1%的水平上显著，平均工资水平越高，财务总监的过度教育现象越严重，这可能是因为工资水平高的地区会形成人才聚集，因而竞争相对激烈，用人单位对于学历的要求自然水涨船高，过度教育成为筛选人才的重要机制。这也在一定程度上表明经济的发展水平及由此带来的供求不平衡是影响过度教育的重要宏观因素。本章用财务部门人员规模替代公司整体规模，用以验证管理规模对于过度教育的影响信号，发现了显著的正向影响效应，由于财务部门规模越大，监督成本越高，所以表明过度教育可能是用人单位筛选人才的重要机制。

学术背景、海外背景与过度教育呈现正向关系，且在各个模型中均在1%的水平上显著，这表明拥有学术背景、海外背景的财务总监过度教育年限相对越多，过度教育发生的可能性也越大。公司实际控制人性质与过度教育呈现正向关系，且在各个模型中均在1%的水平上显著，这表明国有企业财务总监过度教育年限相对越多，发生的可能性也越大。性别与过度教育呈现正向关系，且在各个模型中均在1%的水平上显著，这表明男性财务总监过度教育年限相对越多，发生的可能性也越大。这与一般研究中认为女性发生过度教育可能性较大的结论存在一定偏差。这可能是因为从事财务总监职位的人员，处于会计人员职业发展的高级阶段，工作压力均较大，不存在为了规避压力而从事该岗位工作的可能性，因而不存在女性为规避压力而发生过度教育的现实基础。所以，在财务总监职位上，弥补型过度教育发生的可能性较大，压力规避型与储备型过度教育发生的可能性较小。

由于证书的考核内容与取得难度有所不同，为了继续检验不同证书的影响效应，在接下来的检验中，我们将模型（3.2b）、模型（3.2d）中的证书合计数量分别替换为注册会计师证书、高级会计师证书和注册税务师（目前已更名为税务师）、管理会计师证书，检验不同类别的证书对于过度教育水平的影响效应。回归结果分别如表3－21和表3－22所示。

表3－21　　　　模型回归结果

变量名称	变量符号	模型（3.2b）	模型（3.2d）	模型（3.2b）	模型（3.2d）
		注册会计师	与工作年限交互项	高级会计师	与工作年限交互项
工作年限	WORKYEAR	－0.04062*** （0.000）	－0.04259*** （0.000）	－0.04139*** （0.000）	－0.03497*** （0.000）
注册会计师	CPA	－0.06859*** （0.002）	－0.30348*** （0.000）		
高级会计师	GAOJI			0.281943*** （0.000）	0.985844*** （0.000）
证书与工作年限交互项			0.010842*** （0.002）		－0.02925*** （0.000）
公司所在省	PROV	0.00871*** （0.000）	0.008783*** （0.000）	0.009573*** （0.000）	0.009614*** （0.000）
公司实际控制人性质	STATE	0.275901*** （0.000）	0.276167*** （0.000）	0.210062*** （0.000）	0.215045*** （0.000）
公司财务部门规模	LOGFM	0.180804*** （0.000）	0.180481*** （0.000）	0.167664*** （0.000）	0.170451*** （0.000）
性别	GENDER	0.120862*** （0.000）	0.12016*** （0.000）	0.131246*** （0.000）	0.133359*** （0.000）
政治关系	FGO	0.026085** （0.044）	0.026487** （0.041）	0.02656** （0.039）	0.028362** （0.027）

续表

变量名称	变量符号	模型（3.2b）	模型（3.2d）	模型（3.2b）	模型（3.2d）
		注册会计师	与工作年限交互项	高级会计师	与工作年限交互项
学术背景	ACADE	0.711496*** (0.000)	0.707203*** (0.000)	0.657354*** (0.000)	0.664323*** (0.000)
海外背景	OVERSEA	0.722417*** (0.000)	0.724463*** (0.000)	0.755332*** (0.000)	0.751564*** (0.000)
控制行业变量					
Adj R - squared		0.1606	0.1612	0.1716	0.1773
样本规模		11542	11542	11542	11542

注：括号内报告 P 值。***、**、* 分别表示在 1%、5% 和 10% 的水平上显著。

如表 3－21 所示，将模型（3.2b）和模型（3.2d）中的证书合计数量替换为注册会计师证书后，工作年限及其他变量的系数符号并未发生变化，注册会计师证书的系数显著为负，即使加上工作年限的交互项后，系数依旧显著为负，这表明注册会计师证书的持有对于过度教育水平有抑制作用，是对教育生产功能的佐证。交互项的系数显著为正，表明相比于未持有注册会计师证书的财务总监，持有注册会计师证书抑制了工作年限对于过度教育的负向影响效应，这可能是因为注册会计师证书的取得与工作经验存在背离效应，即工作年限越短，越年轻，学历越高，取证的意愿与动机越强，通过注册会计师证书考试的概率也越大。工作经验的增长使得持有注册会计师证书对于人力资本的生产效率下降，即工作经验越少的个体，其持有注册会计师证书的人力资源生产效率越高，抑制过度教育的作用越强，随着工作经验的增长，持有注册会计师证书所带来的人力资本增量呈现下降趋势。但是交互项系数与工作年限系数之和为负，注册会计师证书的系数也依旧为负，表明交互项并未改变工作年限和注册会计师证书对于过度教育的整体抑制作用。

将模型（3.2b）和模型（3.2d）中的证书合计数量替换为高级会计师

证书后，工作年限及其他变量的系数符号并未发生变化，高级会计师证书的系数为正，且在1%的水平上显著，这表明高级会计师证书的持有对于过度教育水平有显著正向影响效应，即持有高级会计证书的财务总监发生过度教育的可能性越大。交互项的系数显著为负，表明工作年限与高级会计师证书的持有呈现替代效应，相比于未持有高级会计师证书的财务总监，持有证书的财务总监工作年限越长，过度教育发生的可能性越小。这表明高级会计师职称证书强化了工作经验对于过度教育的消积效应。

从上述模型的回归结果可以看出，注册会计师证书体现了教育的生产功能，表明了对人力资本的生产与积累作用，而高级会计师证书主要体现了信号功能。从证书内容难度而言，注册会计师证书的考试难度相对较高，证书的取得过程本身也是对会计专业知识系统学习的过程，确实能有效提升人力资本水平。高级会计师证书更多是会计人员工作到一定阶段后对已有能力的认证，证书取得本身可能并不能带来显著的人力资本增量。

表3-22 模型回归结果

变量名称	变量符号	模型（3.2b）	模型（3.2d）	模型（3.2b）	模型（3.2d）
		税务师	与工作年限交互	管理会计师	与工作年限交互
工作年限	WORKYEAR	-0.04059*** (0.000)	-.03555*** (0.000)	-0.04*** (0.000)	-0.03973*** (0.000)
税务师	PROCTA	-0.21678*** (0.000)	0.08171 (0.503)		
管理会计师	PROCMA			-0.2732 (0.110)	2.351293*** (0.000)
证书与工作年限交互项			-0.00998* (0.070)		-0.12569*** (0.000)
公司所在省	PROV	0.008753*** (0.000)	0.0061511*** (0.000)	0.008682*** (0.000)	0.008817*** (0.000)

续表

变量名称	变量符号	模型（3.2b）	模型（3.2d）	模型（3.2b）	模型（3.2d）
		税务师	与工作年限交互	管理会计师	与工作年限交互
公司实际控制人性质	STATE	0.270588 *** （0.000）	0.17152 *** （0.000）	0.2799 *** （0.000）	0.279997 *** （0.000）
公司财务部门规模	LOGFM	0.180939 *** （0.000）	0.11187 *** （0.000）	0.180493 *** （0.000）	0.18045 *** （0.000）
性别	GENDER	0.120346 *** （0.000）	0.05247 *** （0.000）	0.119767 *** （0.000）	0.117926 *** （0.000）
政治关系	FGO	0.025968 ** （0.045）	0.05649 *** （0.000）	0.02632 ** （0.043）	0.025968 ** （0.045）
学术背景	ACADE	0.713718 *** （0.000）	0.73434 *** （0.000）	0.703618 *** （0.000）	0.699576 *** （0.000）
海外背景	OVERSEA	0.713821 *** （0.000）	0.714176 *** （0.000）	0.735901 *** （0.000）	0.738595 *** （0.000）
控制行业变量					
Adj R - squared		0.1624	0.2000	0.1601	0.1612
样本规模		11542	11542	11542	11542

注：括号内报告P值。***、**、*分别表示在1%、5%和10%的水平上显著。

如表3-22所示，将模型（3.2b）和模型（3.2d）中的证书合计数量替换为税务师证书后，工作年限及其他变量的系数符号并未发生变化，税务师证书的系数显著为负，这表明税务师证书的持有对于过度教育水平有抑制作用，是对教育生产功能的佐证，表明考取税务师的后续培训增加了人力资本存量。但在加上工作年限的交互项后，税务师证书的系数不再显著，但交互项的系数依旧在10%的水平上显著，表明税务师的影响效应相比于工作经验而言较弱，但依旧强化了工作年限对于过度教育的消极效应。

将模型（3.2b）和模型（3.2d）中的证书合计数量替换为管理会计师证书后，工作年限及其他变量的系数符号并未发生变化，管理会计师证书的系数为负，但并不显著。但加入工作年限的交互项后，管理会计师证书的系数显著为正，这表明管理会计师证书的信号功能大于生产功能，交互项系数显著为负，表明工作年限与管理会计师证书的持有呈现替代效应，相比于未持有管理会计师证书的财务总监，持有证书的财务总监随着工作年限增长，发生过度教育的可能性越小。

三、证书对于工作年限与过度教育的中介效应分析

在上述各个模型中，工作年限与过度教育均呈现了显著的负向影响效应，但各类证书及证书与工作年限的交互项影响却有所不同。鉴于各类证书无论是考试资格条件还是考试内容均有所不同，在数学模型中只引入交互项并不能提供完全令人信服的实证结论。所以有必要进一步分析证书在工作年限与过度教育之间是否存在中介效应。

按照温忠麟等的研究，可以通过依次检验有调节的中介模型，若依次检验的各个模型结果均显著，中介效应成立；若依次检验结果存在不显著情形，可通过 Bootstrap 法再进行检验，若检验结果仍未达到显著，则需要进行中介效应的差异检验。由前面检验模型可知，各类证书对于过度教育的影响存在异质性，所以分别注册会计师证书与高级会计证书两个模型依次进行检验，分析证书究竟是中介效应还是遮掩效应（回归结果见表 3－23）。

$$OVEREDUY = \beta_0 + \beta_1 WORKYEAR + \beta_2 PROV + \beta_3 STATE + \beta_4 LOGFM + \beta_5 GEN + \beta_6 FGO + \beta_7 ACADE + \beta_8 OVERSEA + \varepsilon \quad (3.3a)$$

$$CPA = \beta_0 + \beta_1 WORKYEAR + \varepsilon \quad (3.3b)$$

$$OVEREDUY = \beta_0 + \beta_1 WORKYEAR + \beta_2 CPA + \beta_3 PROV + \beta_4 STATE + \beta_5 LOGFM + \beta_6 GEN + \beta_7 FGO + \beta_8 ACADE + \beta_9 OVERSEA + \varepsilon \quad (3.3c)$$

表 3－23　　模型回归结果

变量名称	变量符号	模型（3.3a）	模型（3.3b）	模型（3.3c）
因变量		过度教育年限	注册会计师证书	过度教育年限
工作年限	WORKYEAR	－0.03991*** （0.000）	－0.0099882*** （0.000）	－0.0405*** （0.000）
注册会计师	CPA			－0.06004*** （0.006）
公司所在省	PROV	0.009227*** （0.000）		0.00923*** （0.000）
公司实际控制人性质	STATE	0.282929*** （0.000）		0.279827*** （0.000）
公司财务部门规模	LOGFM	0.176474*** （0.000）		0.176552*** （0.000）
性别	GENDER	0.122342*** （0.000）		0.123347*** （0.000）
政治关系	FGO	0.031346** （0.015）		0.030904** （0.017）
学术背景	ACADE	0.717567*** （0.000）		0.727011*** （0.000）
海外背景	OVERSEA	0.725522*** （0.000）		0.72401*** （0.000）
Adj R－squared		0.1554	0.0246	0.1558
样本规模		11542	11542	11542

注：括号内报告 P 值。***、**、*分别表示在 1%、5%和 10%的水平上显著。

在模型（3.3a）中，工作年限的系数为负（设为 c），且在 1%的水平上显著；模型（3.3b）中，工作年限的系数为负（设为 a），且在 1%的水平上显著；模型（3.3c）中，工作年限的系数为负（设为 c′），且在 1%

的水平上显著，注册会计师的系数为负（设为 b），且在 1% 的水平上显著。按照温忠麟等的研究，a 与 b 的乘积符号为正，c′为负，表明注册会计师证书存在遮掩效应，即持有注册会计师证书降低了工作年限对于过度教育的抑制效应。从上表中可以看到，c′的绝对值大于 c，表明在没有控制注册会计师证书时，工作年限对于过度教育的负向影响效应被遮掩了。

将注册会计师证书替代为高级会计师证书，建立模型如下（回归结果见表 3-24）：

$$OVEREDUY = \beta_0 + \beta_1 WORKYEAR + \beta_2 PROV + \beta_3 STATE + \beta_4 LOGFM + \beta_5 GEN + \beta_6 FGO + \beta_7 ACADE + \beta_8 OVERSEA + \varepsilon \quad (3.4a)$$

$$GAOJI = \beta_0 + \beta_1 WORKYEAR + \varepsilon \quad (3.4b)$$

$$OVEREDUY = \beta_0 + \beta_1 WORKYEAR + \beta_2 GAOJI + \beta_3 PROV + \beta_4 STATE + \beta_5 LOGFM + \beta_6 GEN + \beta_7 FGO + \beta_8 ACADE + \beta_9 OVERSEA + \varepsilon \quad (3.4c)$$

表 3-24　　模型回归结果

变量名称	变量符号	模型（3.4a）	模型（3.4b）	模型（3.4c）
因变量		过度教育年限	高级会计师	过度教育年限
工作年限	WORKYEAR	-0.03991*** (0.000)	0.008804*** (0.000)	-0.03356*** (0.000)
高级会计师	GAOJI			0.308073*** (0.000)
公司所在省	PROV	0.009227*** (0.000)		0.007123*** (0.000)
公司实际控制人性质	STATE	0.282929*** (0.000)		0.133527*** (0.000)
公司财务部门规模	LOGFM	0.176474*** (0.000)		0.098998*** (0.000)

续表

变量名称	变量符号	模型（3.4a）	模型（3.4b）	模型（3.4c）
因变量		过度教育年限	高级会计师	过度教育年限
性别	GENDER	0.122342*** (0.000)		0.065172*** (0.000)
政治关系	FGO	0.031346** (0.015)		0.052857*** (0.000)
学术背景	ACADE	0.717567*** (0.000)		0.670041*** (0.000)
海外背景	OVERSEA	0.725522*** (0.000)		0.703148*** (0.000)
Adj R - squared			0.1554	0.2123
样本规模		11542	11542	11542

注：括号内报告 P 值。***、**、*分别表示在 1%、5%和 10%的水平上显著。

在模型（3.4a）中，工作年限的系数为负（设为 o），且在 1%的水平上显著；模型（3.4b）中，工作年限的系数为正（设为 m），且在 1%的水平上显著；模型（3.4c）中，工作年限的系数为负（设为 o′），且在 1%的水平上显著，高级会计师的系数为正（设为 n），且在 1%的水平上显著。按照温忠麟等的研究，m 与 n 的乘积符号为正，o′为负，表明与注册会计师证书类似，高级会计师证书亦存在遮掩效应，即持有证书降低了工作年限对于过度教育的替代效应。这一结论与注册会计师证书的结论相对一致。

上述关于遮掩效应的结论，表明注册会计师证书与高级会计师证书并不能显著增加工作年限对过度教育的负向影响效应，在控制证书持有因素时，原先被隐藏的效应方得以显现。当然，两类证书仍存在一定异质性，注册会计师证书与工作年限呈现负相关关系，表明注册会计师证书的取得多集中在工作年限较短的人员中，而高级会计职称证书相反，这可能是由高级会计师证书的考评资格条件决定的。在证书对于过度教育的直接影响方面，注册会计师证书有一定抑制作用，但高级会计师证书却存在正向影响。这可能是因为报考注册会计师的人员是为了补偿现有能力不足，而高级会计师证书的取得更多是为了获得对现有职业能力的认可。

第六节　结论与政策建议

一、结论

经过前述实证结果分析，本章得出如下四点结论：

（1）会计专业人员过度教育及教育不足共同存在。无论是基于调查问卷的主观判断，还是基于上市公司数据采用的众数法估计，都表明过度教育和教育不足一并存在。这固然有个体自身原因，但同时也说明教育供给的结构与质量可能还需进一步调整。

（2）在上市公司所有的回归模型中，财务总监的工作年限与过度教育均呈现显著的负向关系，基于调查问卷的实证检验结果表明尽管不显著，但工作年限与过度教育仍然存在负相关关系，这表明工作经验可以提高人力资本存量，弥补学历教育的不足，进而降低过度教育年限及发生的可能性。

（3）单位培训能够抑制过度教育的产生，但证书的作用各异。

基于调查问卷实证检验时，发现学历与单位培训时间的交互项系数为负，且在10%的水平上显著，表明单位培训时间抑制了过度教育发生的可能性，学历与单位培训之间可能存在一定的替代效应。

在上市公司所有的回归模型中，本章研究了职称（执业资格）证书、工作经验与过度教育的影响效应，发现持有的职称（执业资格）证书数量，与过度教育呈现正向关系，这证明证书数量本身更具信号功能。

当具体到对各类职称（执业资格）证书进行回归分析时，发现了注册会计师证书与税务师证书对过度教育呈现了一定抑制效应，具备一定的人力资本生产功能，但是高级会计师与过度教育是显著的正向影响效应，体现了较强的信号功能。之所以出现这样的现象，原因可能是因为在这些证书中，注册会计师的难度最大，更加有助于人力资本水平的提高，因而在一定程度上抑制了过度教育发生的可能性。相比而言，高级会计师证书更多是对现有职业能力的认证，本身能带来的人力资本增量相对有限，因而更多体现的是信号功能。

（4）学历具备信号功能，证实了筛选理论。

基于调查问卷实证检验时，发现学历与过度教育呈现显著正相关关系。进一步经过 CEM 匹配后，发现本科与专科组存在显著差异，但是本科组与本科以上组别并不存在显著差异，这可能表明筛选机制存在，大专学历与本科学历信号具有显著差异，企业存在对于低学历的歧视现象，从而引致了过度教育的产生。

基于上市公司财务总监数据实证检验时，亦发现过度教育本身在一定程度上体现了筛选理论的信号功能。对于高平均工资水平地区、大规模企业、国有企业，由于人才聚集，企业可选择余地较大，因而学历水平可能成为筛选的重要机制，并导致了过度教育情形的发生。

二、政策建议

（1）由于财务总监目前的适度教育水平是本科，这表明会计专业的专科教育存在教育不足，在未来职业发展过程中可能存在阻碍职业晋升渠道的重要因素。提升职业教育会计专业的学历层次水平，对于进一步提升社会对于会计职业教育的认可度水平意义重大。

（2）现行会计类职业教育，尽管做了若干有益探索，但尚未完全脱离会计学科体系的桎梏，课程体系内容的体系完整，但缺乏对于实际工作情境的专业培训。从本书结论看来，工作经验是对学历教育的有效替代。对于职业教育的学历教育与职业培训，如何归纳总结工作经验，为初入职者提供事半功倍的教育与培训，是未来职业培训体系内容需要重点考虑的因素。

（3）从会计类现有职称（执业资格）证书来看，不同证书在职业中所起作用有所不同。但是除了注册会计师证书和税务师证书外，未观测到其余类证书对于人力资本的生产效应。未来可以进一步改革职称（执业资格）证书考试内容，使之与职业岗位工作内容更加契合，从而有效降低企业后续培训成本，促进实体经济的发展。

（4）过度教育筛选机制的存在，使得职业教育学历层次定位在大专阶段，必然会使得职业教育在大规模高等教育扩张的现实背景下，处于相对劣势状态，不利于职业教育的健康发展。教育主管部门应建立职业院校学生跟踪信息平台，分析在不同的职业发展阶段，学历教育、职业培训及工作经验对职业发展的影响效应，分专业合理确定职业教育的学历教育年限。

同时，为了合理发挥教育的信号功能，应加大对于职业教育及培训的宣传力度，消除社会对于职业教育的歧视，提升企业对于职业教育的认知水平。

（5）高等教育具备一定的公共产品属性，其经济效益及其外溢性经济收益的评价具有一定的困难。关于过度教育是否存在可能并不能仅凭主观判断或众数法做出简单结论。但是，建立学生职业发展生涯的数据库，对教育收益进行长期跟踪可能是目前急需解决的重要问题。

第四章
薪酬的影响因素分析

在第三章，本书以会计专业为例，同时基于调查问卷和上市公司财务总监数据对过度教育的影响因素进行了分析，剔除了以往研究不同专业、不同职业发展阶段的噪声，刻画了过度教育的影响因素，分析了过度教育、职业培训与工作经验的相互影响效应，对于三者的信号特征及生产功能进行了实证检验。

在有效的资本市场上，薪酬作为人力资本市场的重要定价机制，可以合理反映人力资本价值。以薪酬作为切入点，可以量化研究人力资源生产功能或筛选机制信号功能的作用。本章拟在第三章的基础上，以薪酬为切入点，在厘定薪酬影响因素的基础上，分析学历教育、职业培训与工作经验对薪酬的影响效应，从不同角度对三类要素的生产与信号功能进行界定，为职业教育和培训体系的改革提供政策建议。

第一节　文献回顾

会计专业教育扩张增加了学历教育信号的异质性。就特定学校而言，在招生规模较少的情形下，学生的资质禀赋更具同质性，但是随着招生规模扩大及学生录取数量的增加，学生的资质禀赋差异性波动较大。就特定学历层次而言，存在同样的现象。例如，本科学历学生的差异度会随着本科学历招生规模的扩大而有所增加。若基于信号理论的筛选机制成立，随着招生规模的扩张，教育信号（学历、学校的声誉特征）呈现弱化趋势，教育收益率会呈现单边下降趋势。若人力资源理论成立，则由于教育能提升人力资源水平，则作为人力资源定价机制的工资薪酬水平会呈现上升趋势，但由于教育供给的增加会引致供大于求的压力，因而人力资源理论下的教育收益会存在一定程度的不确定性。

有学者认为，教育存在结构效应和工资压缩效应。教育扩展所带来的高学历群体规模的扩大，这种结构效应会对收入分配造成先上升后下降的影响；另外，从工资压缩效应的结构来看，劳动力学历构成的相对增加也导致了劳动力供求状况发生变化，其带来的压缩效应会减小收入分配不平等的程度。

薪酬如何决定？直观来看，薪酬是雇主与雇员之间博弈的结果。薪酬收入可以视作个人教育投资决策与企业雇佣决策的综合后果。会计专业人员人力资本水平越高，博弈议价机制能力越强。现有研究关于人力资本理论与筛选理论的实证检验，多基于对薪酬的影响因素维度进行分析。例如明瑟（1974）认为在完全竞争的劳动力市场中，个人收入主要由人力资本决定。学者（Bedard，2001）等研究则证实了教育确实在就业市场上传递了有效信号并为雇主所识别，进而影响到就业机会和薪酬级别等。教育究竟起着生产功能还是信号传递功能，还是二者兼而有之，目前尚无定论。各类研究从不同的侧面证实了某一功能存在，但是却不能否认另一功能的作用。学者（Katz and Ziderman，1980）认为人力资源理论在低层次的职业中教育应用较好，职业层级越高，筛选理论的作用越强。

在教育经济学领域，明瑟收入方程经过检验发现，教育与工作均可提高人力资本存量，因而随着教育年限和工作年限的增长，个人收入亦呈现增长趋势，但当工作年限增长到一定程度，其对于收入的边际贡献率呈现递减趋势。此外，关于就业起薪的研究成果也较为丰硕。就业起薪的影响因素主要包括：行业（岳昌君和周丽萍，2016）、家庭背景（杜桂英等，2010）、性别（岳昌君等，2012）、学生干部背景和学历（岳昌君等，2012）、求职成本和求职努力程度（岳昌君等，2014）以及学用结合程度（李炜等，2010）。岳昌君和陈昭志（2015）发现毕业院校对毕业生的就业起薪有直接影响的同时，由于能够增强毕业生自信，提高心理预期，间接影响毕业生的就业起薪。学校声誉兼具人力资本与社会资本特征，一方面，声誉水平高的学校能把人力资本较高的人筛选出来，并能更有效地提高人力资本水平（乔志宏等，2011）；另一方面，声誉度水平高的学校，有更好的校友网络与社会资源（胡永远等，2007）。在关注到过度教育后，其对于收入的影响也被纳入研究视野。部分学者认为过度教育会对收入产生不利影响（黄志岭等，2010；范皑皑等，2013；王春超和佘诗琪，2017）。但是，张冰冰和沈红（2016）指出，相同教育水平下，教育不足者享受一定的收入溢价，但过度教育者却并不承担收入损失，罗润东（2010）发现了大学毕业生中过度教育者的超额收益率。可见，现有研究管理学领域对于个人收入研究主要集中在高管薪酬研究。影响高管薪酬的因素主要包括：高管个人特征（学历、教育水平、任期）（李焰和秦义虎，2011；Fetscherin，2015）、政治背景和专家特长（徐宁等，2018）、高管权力（Bebchuk，Fried and Walker，2002；方军雄，2011）、业绩（徐玉德和张昉，2018）、行业特征（梁英，2011；杨青，2018）等。在经理人市场上，经理人可以自由流动，如果薪酬契约水平低于参照点就有可能引致高管的退出，契约就有可能不能签订和续期。所以企业在制定薪酬体系会有一定参照点（罗昆等，2015；徐细雄和谭瑾，2014；李维安等，2010；江伟，2010），这就有可能导致同一行业同一职位薪酬水平的趋同性。

此外，现有研究还发现，企业的培训投入可以为员工带来更高的回报（王德文等，2008；范秀燎和李强，2012；杨涛和曾湘泉，2017）。但是，不同企业，以及企业内部不同员工的培训机会有所不同（杨涛和曾湘泉，2017）。

实证研究已经证实，随着教育的扩张，同样文凭的持有者在劳动力市场的序列位置呈现下降趋势，并带来教育收益率的下降。但是随着经济发展水平和劳动生产率的提高，劳动者的工资水平会呈现上升趋势，当然由于经济发展的不均衡性，工资增长存在着所有制、劳动部门和地区差异。在教育扩张与经济增长的共同作用下，教育扩张对教育收益率的影响将经历“上升—没有显著影响—下降”三个阶段，而我国目前处在中间阶段（方长春，2019）。

从上述研究看来，尽管研究对象不同，且各有侧重，但都概括出了影响薪酬收入的共性特征，即经济特征、行业特征、企业特征和个人特征。关于薪酬研究的成果已经较为丰硕，但是，仍然存在如下五方面局限。

(1) 现有研究未区分专业进行研究，因而未考虑专用人力资本特征。

当个体接受专业教育时，就形成了人力资源专用资本。在社会分工日益细化的背景下，不同的人力资源专用资本与行业岗位的匹配度有所不同，势必会影响薪酬水平，但现有研究却很少区分不同专业进行研究，因而不能准确计量人力资源专用资本对薪酬的影响效应。

(2) 现有研究未对学历教育、工作经验与职业培训之间关系进行深入研究。

现有研究已经证实了学历教育、工作经验与职业培训对于薪酬的正向影响效应，但是三者之间的关系却少有研究。只有明晰三者之间的关系，才能决定如何合理配置资源，这无论是对个人的教育投资决策，企业的雇佣和培训投入决策，还是政府层面关于教育资源投入及配置决策均意义重大。

(3) 现有研究未能基于个体职业发展的不同阶段进行系统性研究，因而无法提供有针对性的政策建议。

由于职业发展的不同阶段特点有所不同，学历教育、工作经验与职业培训在各个阶段对薪酬的影响效应有所不同。例如，初入职的学生、会计、财务经理与财务总监，在不同的阶段，学历教育、工作经验与职业培训对薪酬的影响作用应该有所不同。但是，现有研究未能针对个体职业发展的不同阶段进行系统性研究，因而未能归纳不同职业发展阶段的规律和特点。

(4) 各类文献未能针对职业培训的专用性进行研究，因而未能细化不同类型职业培训的作用。

前已述及，不同专业、职业发展阶段，各类要素对薪酬的作用效应有所不同，只有针对不同的职业，细化研究不同职业培训内容所起的作用，才能有针对性地研究培训体系的作用，为政府与企业培训投入提出相应的政策建议。

(5) 未能基于工资差距与职业隔离的视角对学历歧视与性别歧视的薪酬影响效应进行深入研究。

尽管关于工资差距的研究成果丰硕，但是现有研究未能基于工资差距与职业隔离的视角对学历歧视与性别歧视的影响效应进行深入研究，同时也未能明晰工作经验在二者之间的影响效应。同时，以往研究多是基于城镇住户调查数据、中国营养与健康调查（CHNS）数据、中国综合社会调查（CGSS）数据等，样本职业有所不同，数据有很大程度的主观判断性。尽管在研究中，学者也对职业进行了分类，但未能剔除职业特点、个人偏好等异质化特征所带来的研究噪声，因而可能存在研究的偏差。

第二节　研究框架和实证模型

一、研究框架

如图 4－1 所示，在宏观经济背景与行业背景下，个体特征与职位特征均是影响薪酬的重要因素。个体特征既可以直接影响薪酬水平，也可以通过影响职位特征间接影响薪酬水平。

一方面，基于以往的研究，性别、学校声誉度、学历、工作年限与职业培训均是影响薪酬水平的重要因素。同时，学历、工作年限（工作经验）与职业培训之间也有可能存在替代关系。另一方面，个体特征也可能通过影响职位特征，进而影响薪酬水平。例如学历高的个体，可能更加容易找到较好的工作职位，也会有更好的职位晋升机会，职位越高，薪酬水平也相对较高。所以个体特征对于薪酬的影响存在直接与间接两类作用路径：一方面，个体特征直接影响薪酬水平；另一方面，个体特征通过影响职位特征间接影响薪酬水平。

同时，基于第三章对于过度教育的研究，职位与教育水平的匹配程度也会影响薪酬水平，所以个人特征与职位特征的契合度水平也会对薪酬构成影响。

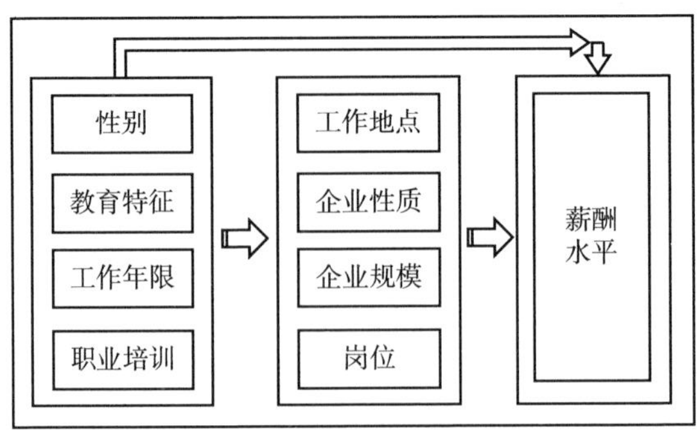

图4-1　薪酬水平研究框架

二、研究假设

按照人力资本理论，学历教育、职业培训和工作经验是人力资本的重要生产要素。由于三类生产要素都具备生产功能，可以有效提高人力资本质量水平，因而生产要素质量越高，在与企业进行谈判时，博弈优势越大，薪酬收入水平就越高。按照信号传递理论，学历教育、工作经验与前期职业培训投入是雇主识别求职者能力的重要信号，信号质量越高，越容易被筛选出来，给予较高的薪酬水平无疑是留住这些求职者的重要策略之一。所以，无论是基于人力资本理论，还是筛选理论，都可以得到如下假设：

假设4.1：学历水平越高，受教育年限越长，则薪酬水平越高；

假设4.2：工作年限越长，工作经验越丰富，则薪酬水平越高。

按照明茨收入方程及以往研究，当工作年限增长到一定程度，基于边际收益递减规律，工作年限的边际收益呈现递减趋势。

关于职业培训，本章采用两种方式进行测度。一种方式是基于以往研究，用培训时间作为职业培训的替代变量，调查问卷实证检验时采用本方法进行测度。在对财务总监薪酬进行检验时，由于无法直接取得职业培训时间，于是基于培训内容进行检验。由于会计类相关职称、执业证书等考试比较规范，因而职称、执业证书的取得过程可以视为职业培训的过程。财务总监持有的职业证书越多，证书取得越难，社会认可度越高，表明职业培训投入越多，从而可以获得较高的薪酬水平。由此可以得到如下假设：

假设4.3a：职业培训时间越长，薪酬水平越高；

假设4.3b：持有证书越多，证书认可度越高，表明职业培训时间越长，薪酬水平越高。

基于人力资本理论，学历教育、职业培训和工作经验均具备生产功能，但在人力资源成长的不同阶段，三类要素的重要性及其所起的作用可能会有所不同。基于边际收益递减原理，随着工作年限的增长，教育在个体人力资本产生产中的作用可能呈现衰减趋势，而工作经验和培训在人力资本生产中的作用则逐渐增强，对于工作经验丰富及入职后培训成本较低的求职者，用人单位就有可能降低对学历的限制条件，因而工作经验（培训）与学历教育之间应该存在替代效应（李锋亮等，2009）。随着工作年限的增长，教育对于薪酬的影响效应呈现减弱趋势，而工作经验和职业培训对于教育的替代效应可能会存在增强趋势。

但是按照信号传递理论，学历教育、工作经验与前期培训投入是三类信号，雇主在筛选求职者时，三者俱佳会是最优选择，工作经验与前期培训投入并不是对学历教育的替代，而是会起到彼此促进的增强作用效应（李锋亮等，2009）。求职者会尽可能提高学历教育水平、工作经验与前期培训投入，以期在诸多求职者中脱颖而出。所以可以观察到过度教育与工作经验、前期培训投入互相促进的正向影响效应。

由此，我们可以得到如下研究假设：

假设4.4a：若人力资本理论成立，则过度教育与工作经验、职业培训投入具备生产功能，三者对薪酬的影响呈现替代效应；

假设4.4b：若筛选理论成立，则过度教育与工作经验、职业培训投入具备信号功能，三者对薪酬的影响呈现互补效应。

从职业特征来看，企业所在地区、企业性质、规模及岗位不同，都有可能引致薪酬差异，基于以往研究，可以得到如下假设：

假设4.5：不同职位特征的个体，薪酬水平之间会存在显著差异。

基于研究框架，职位特征在个人特征与薪酬水平之间起着中介影响效应，可以得到如下假设：

假设4.6：个人特征通过影响职位特征，构成对薪酬水平的间接作用路径。

三、样本选择与模型设计

与第三章相同，本章实证研究样本数据采用调查问卷与上市公司财务总监数据两类数据进行实证检验。问卷调查主要在北京市本科院校与高职会计专业学生中开展。除社会工作会计人员外，本次收集调查问卷共计1031份。主要来自北京地区高校毕业学生。

上市公司财务总监学历等描述性统计数据区间为2000~2017年。但由于数据库中职业资格证书等数据的统计自2008年起，直至2012年度信息才相对翔实，所以涉及职业资格证书回归模型的数据区间为2012~2017年。本章以工作年限替代工作经验，以财务总监取得的职称证书与执业资格证书替代职业培训。同时，借鉴以往研究，由于企业的性质不同（国有与非国有）、性别、企业所在地区、规模、行业等都是影响薪酬的因素，所以在模型中引入相关自变量。本章涉及的变量定义如第三章表3-1所示。

本章关于过度教育的测度与第三章相同。同时采用主观评价法与众数法测度过度教育。主观评价法测度过度教育则是对北京市职业院校、本科院校及社会会计人员进行调研，由其判断学历与实际工作匹配情况来评定是否存在过度教育。众数法测度过度教育主要基于上市公司数据，将自2000年以来每年财务总监人数最多的学历确认为过度教育水平。2003年前财务总监中大专所占比例高于本科和其他学历比例，2003年后，本科所占比例居于各学历占比最高。所以，2003年前，可以认为大专学历是适当教育水平，本科及以上学历为过度教育，中专及以下学历为教育不足。在2003年及之后年度，可以认定本科学历是适当教育水平，硕士研究生和博士研究生为教育过度。

第三节　基于调查问卷的薪酬实证检验

一、描述性统计

从表 4－1 可以看出，调查问卷中男性样本数量明显少于女性，但是 20000～50000 元的男性数量与女性数量持平，高于 50000 元的样本中，男性样本是女性样本的 2 倍，这表明整体上看来，男性薪酬高于女性。

表 4－1　　　　工资薪酬—分性别统计

性别	2000（含）元以下	2001～5000（含）元	5001～1 万（含）元	10001～2 万（含）元	20001～3 万（含）元	30001～5 万（含）元	5 万元以上	小计
男	5	53	95	88	34	23	12	310
女	6	193	358	144	35	23	6	765
小计	11	246	453	232	69	46	18	1075

从表 4－2 可以看出，调查问卷中本科以上学历中，20000 元以上样本数量明显高于专升本及大专（高职），这表明学历可能确实是影响薪酬的重要因素。

表 4－2　　　　工资薪酬—分学历统计

学历	2000（含）元以下	2001～5000（含）元	5001～1 万（含）元	10001～2 万（含）元	20001～3 万（含）元	30001～5 万（含）元	5 万元以上	小计
大专（高职）	5	154	156	36	8	5	0	360
专升本	1	52	131	59	11	5	3	262

续表

学历	2000（含）元以下	2001～5000（含）元	5001～1万（含）元	10001～2万（含）元	20001～3万（含）元	30001～5万（含）元	5万元以上	小计
普通本科	1	34	121	89	28	19	7	299
硕士研究生	4	6	44	45	19	16	7	141
博士研究生	0	0	1	3	3	1	1	9
小计	11	246	453	232	69	46	18	1075

从表4－3可以看出，财务经理与财务总监等岗位层级较高的人员高薪酬水平占比明显较高。

表4－3　　　　　　　　工资薪酬—分岗位统计

岗位	2000（含）元以下	2001～5000（含）元	5001～1万（含）元	10001～2万（含）元	20001～3万（含）元	30001～5万（含）元	50000元以上	小计
收银员	0	2	0	0	0	0	0	2
出纳	1	56	47	6	0	0	0	110
会计	1	75	140	37	2	1	0	256
财务分析及管理类人员	0	6	28	23	5	3	2	67
办税员	2	4	3	0	0	0	0	9
会计主管	0	5	39	24	4	1	0	73
财务经理（处长）	0	0	16	30	16	12	1	75
财务总监（总会计师）	0	2	1	11	11	13	6	44
内部审计助理	0	4	10	0	0	0	0	14
内部审计经理	0	0	1	3	2	3	1	10
事务所审计人员	0	18	24	4	1	0	0	47

续表

岗位	2000（含）元以下	2001～5000（含）元	5001～1万（含）元	10001～2万（含）元	20001～3万（含）元	30001～5万（含）元	50000元以上	小计
事务所项目经理	0	0	9	13	2	0	1	25
事务所部门经理	0	0	1	2	1	0	0	4
事务所合伙人	0	0	0	3	0	4	2	9
单位职员（非财务）	3	66	103	54	11	2	1	240
单位中层管理人员（非财务）	1	3	24	15	9	1	0	53
单位高层管理人员（非财务）	0	2	5	6	5	6	4	28
自主创业	3	3	2	1	0	0	0	9
小计	11	246	453	232	69	46	18	1075

二、薪酬影响因素实证检验

基于以往研究及本章研究框架，将个人特征与职位特征纳入模型，实证检验薪酬影响因素，如模型（4.1）所示。然后分别加入过度教育与教育不足进行检验，以实证检验过度教育是否存在超额收益，教育不足是否受到惩罚。

$$\begin{aligned}SALARY = &\beta_1 GEN + \beta_2 XUELI + \beta_3 REAI + \beta_4 WORYEA + \beta_5 CHAR \\ &+ \beta_6 GAWE + \beta_7 NCAIWU + \beta_8 LEIBI + \beta_9 DISTR \\ &+ \beta_{10} WORYEA \times WORYEA + \varepsilon \end{aligned} \tag{4.1}$$

$$\begin{aligned}SALARY = &\beta_1 GEN + \beta_2 XUELI + \beta_3 REAI + \beta_4 WORYEA + \beta_5 CHAR \\ &+ \beta_6 GAWE + \beta_7 NCAIWU + \beta_8 LEIBI + \beta_9 DISTR \\ &+ \beta_{10} WORYEA \times WORYEA + \beta_{11} OVEDU + \varepsilon \end{aligned} \tag{4.2}$$

$$\begin{aligned}SALARY = &\beta_1 GEN + \beta_2 XUELI + \beta_3 REAI + \beta_4 WORYEA + \beta_5 CHAR \\ &+ \beta_6 GAWE + \beta_7 NCAIWU + \beta_8 LEIBI + \beta_9 DISTR \\ &+ \beta_{10} WORYEA \times WORYEA + \beta_{11} UNEDU + \varepsilon \end{aligned} \tag{4.3}$$

从表4－4可以看出，在三个模型中，性别系数均为正，且在1%的水平上显著，表明男性薪酬水平确实比女性高。学校类别、学历、工作年限的系数显著为正，表明学校声誉度水平、学历水平越高，工作年限越长，薪酬水平越高。从职位特征来看，岗位层级越高，单位财务人员数量越多，薪酬水平越高。工作单位性质系数为负，表明政府与国有单位的薪酬水平并不高于其他单位。同时，工作所在地系数显著为正，表明经济越发达的地区，薪酬水平相对越高。与以往研究一致，工作年限的平方系数为负且显著，表明随着工作年限的增长，薪酬呈现递减趋势。

表4－4　模型（4.1）～模型（4.3）回归结果

变量名称	变量符号	模型（4.1）	模型（4.2）	模型（4.3）
性别	GEN	0.219343*** （3.8）	0.224752*** （3.92）	0.221826*** （3.84）
学历	XUELI	0.197518*** （6.06）	0.225486*** （6.78）	0.194546*** （5.92）
专业热爱度	REAI	－0.02303 （－0.76）	－0.01899 （－0.63）	－0.02436 （－0.8）
工作年限	WORYEA	0.326935*** （6.17）	0.325075*** （6.17）	0.328154*** （6.18）
工作单位性质	CHAR	－0.1023* （－1.9）	－0.10164*** （－1.9）	－0.10113* （－1.88）
岗位	GAWE	0.199277*** （10.88）	0.195979*** （10.75）	0.199931*** （10.9）
单位财务人员人数	NCAIWU	0.101148*** （7.5）	0.100089*** （7.46）	0.101327*** （7.51）
学校类别	LEIBI	0.114825*** （3.18）	0.111911*** （3.11）	0.113832*** （3.15）

续表

变量名称	变量符号	模型（4.1）	模型（4.2）	模型（4.3）
工作所在地	DISTR	0.264325*** (8.68)	0.252463*** (8.29)	0.264607*** (8.68)
工作年限×工作年限	WORYEA× WORYEA	−0.01946*** (−3.29)	−0.01928*** (−3.28)	−0.01958*** (−3.31)
过度教育	OVEDU		−0.24272*** (−3.73)	
教育不足	UNEDU			−0.04844 (−0.74)
Adj R−squared		0.4947	0.5007	0.4945
样本规模		1075	1075	1075

在模型（4.2）中，加入过度教育变量后，发现过度教育的系数为负，且在1%的水平上显著，表明过度教育并未获得收益溢价，反而存在收益损失。在模型（4.3）加入教育不足变量后，发现系数为负，但并不显著。表明教育不足并未获得收益溢价，反而与薪酬呈现负向关系。

基于前面的分析，教育特征与工作年限可能呈现替代或互补关系，为了进一步检验工作年限与过度教育（教育不足）之间的关系，加入过度教育（教育不足）与工作年限的交互项予以检验。

$$\begin{aligned} SALARY = &\beta_1 GEN + \beta_2 XUELI + \beta_3 REAI + \beta_4 WORYEA + \beta_5 CHAR \\ &+ \beta_6 GAWE + \beta_7 NCAIWU + \beta_8 LEIBI + \beta_9 DISTR \\ &+ \beta_{10} WORYEA \times WORYEA + \beta_{11} OVEDU \\ &+ \beta_{12} OVEDU \times WORYEA + \varepsilon \end{aligned} \tag{4.4}$$

$$\begin{aligned} SALARY = &\beta_1 GEN + \beta_2 XUELI + \beta_3 REAI + \beta_4 WORYEA + \beta_5 CHAR \\ &+ \beta_6 GAWE + \beta_7 NCAIWU + \beta_8 LEIBI + \beta_9 DISTR \\ &+ \beta_{10} WORYEA \times WORYEA + \beta_{11} UNEDU \\ &+ \beta_{12} UNEDU \times WORYEA + \varepsilon \end{aligned} \tag{4.5}$$

如表4-5所示，在加入过度教育与工作年限交互项后，交互项系数为负，但是过度教育系数不再显著，表明工作年限似乎能在一定程度上抑制过度教育的收入损失，但效果并不显著。但是，在加入教育不足与工作年限交互项后，发现教育不足的系数变正，尽管交互项系数为负，但交互项系数与教育不足的系数相加之和为正，表明工作经验能在一定程度上弥补教育不足的收入损失。

表4-5　　模型（4.4）、模型（4.5）回归结果

变量名称	变量符号	模型（4.4）	模型（4.5）
性别	GEN	0.225981*** （3.94）	0.223131*** （3.86）
学历	XUELI	0.225046*** （6.76）	0.194082*** （5.91）
专业热爱度	REAI	-0.01774 （-0.59）	-0.02608 （-0.86）
工作年限	WORYEA	0.330725*** （6.24）	0.332078*** （6.25）
工作单位性质	CHAR	-0.10124* （-1.89）	-0.10196* （-1.89）
岗位	GAWE	0.196616*** （10.78）	0.199*** （10.85）
单位财务人员人数	NCAIWU	0.098992*** （7.36）	0.10122*** （7.5）
学校类别	LEIBI	0.111423*** （3.1）	0.114794*** （3.17）
工作所在地	DISTR	0.254094*** （8.34）	0.264507*** （8.68）

续表

变量名称	变量符号	模型（4.4）	模型（4.5）
工作年限×工作年限	WORYEA×WORYEA	-0.01926*** (-3.27)	-0.01918*** (-3.24)
过度教育	OVEDU	-0.12665 (-0.97)	
教育不足	UNEDU		0.088652 (0.69)
过度教育与工作年限交互项	OVEDU×WORYEA	-0.02956 (-1.03)	
教育不足与工作年限交互项	UNEDU×WORYEA		-0.03639 (-1.23)
Adj R - squared		0.5008	0.4947
样本规模		1075	1075

三、职位特征的影响效应

1. 职位特征的中介效应检验

在模型（4.1）的回归结果中，可以明显看出收入与岗位、学历和年限之间的显著正相关关系。在此基础上，进一步检验学历与岗位、年限与岗位之间的影响效应，从而判断是否存在岗位的中介效应。

$$SALARY = \beta_1 GEN + \beta_2 XUELI + \beta_3 REAI + \beta_4 WORYEA + \beta_5 CHAR + \beta_6 NCAIWU + \beta_7 LEIBI + \beta_8 DISTR + \beta_9 WORYEA \times WORYEA + \varepsilon \quad (4.6)$$

$$GAWE = \beta_1 XUELI + \varepsilon \quad (4.7)$$

$$GAWE = \beta_1 WORYEA + \varepsilon \quad (4.8)$$

在模型（4.1）的基础上剔除岗位变量，研究收入与学历、工作年限的关系，如模型（4.6）所示。并通过模型验证学历与工作年限对岗位的影响，分别如模型（4.7）和模型（4.8）所示。检验结果如表4－6所示。

表4－6　　模型（4.6）~模型（4.8）回归结果

变量名称	变量符号	模型（4.6）	模型（4.7）	模型（4.8）
性别	GEN	0.353406*** (5.95)		
学历	XUELI	0.212977*** (6.2)	0.3546023*** (7.32)	
专业热爱度	REAI	0.00138*** (0.04)		
工作年限	WORYEA	0.347111*** (6.22)		0.4746795*** (23.37)
工作单位性质	CHAR	－0.18443*** (－3.28)		
单位财务人员人数	NCAIWU	0.10173*** (7.16)		
学校类别	LEIBI	0.154561*** (4.08)		
工作所在地	DISTR	0.256125*** (7.98)		
工作年限×工作年限	WORYEA×WORYEA	－0.01198*** (－1.93)		
过度教育	OVEDU			
教育不足	UNEDU			
Adj R－squared		0.4389	0.0467	0.3366
样本规模		1075	1075	1075

模型（4.6）的检验结果表明，在剔除岗位因素后，工作年限、学历对薪酬的影响效应均显著为正。在模型（4.7）中，学历的系数显著为正，并在1%的水平上显著，表明学历是影响岗位的重要因素，学历水平可以提升岗位层级水平。在模型（4.8）中，工作年限的系数显著为正，并在1%的水平上显著，同时看到 Adj R – squared 为 0.3366，远大于学历。这可能表明在会计职业岗位变迁过程中，工作年限对于岗位升迁的解释能力远大于学历。

结合模型（4.1）的检验，发现学历（工作年限）会显著正向影响薪酬，学历（工作年限）会显著正向影响岗位，而岗位又会显著正向影响薪酬，表明存在学历（工作年限）通过影响岗位，进而影响薪酬的间接作用路径，从而岗位的积极中介作用路径得以验证。

2. 职位特征的异质性检验

前面的模型已经证实了职位层级、学历与工作年限均与薪酬水平呈现显著正向关系，并且学历与工作年限均可以通过影响岗位，进而影响薪酬。从职业生涯的各个发展阶段来看，学历与工作年限所起的作用可能有所不同。在职业初期发展阶段，学历可能更加重要，但随着职业发展，工作年限带来的职业经验可能会更加有助于薪酬水平的提高。基于以往研究，人力资源理论在低层次的职业中教育应用较好，职位层级越高，筛选理论的作用越强。在较低职位层级，诸如职员、出纳与会计岗位，由于学历与工作年限均会提高人力资源水平，因而对于薪酬的影响可能会呈现替代效应。随着职位层级提升，诸如会计主管、财务经理及财务总监职位，学历的作用可能会呈现递减趋势，若筛选理论成立，则学历与工作年限均为反映人力资源质量水平的信号，因而会共同促进薪酬水平的提高。

为了更好地检验在不同职业发展阶段（职位层级）学历与工作年限对薪酬水平的异质性影响效应，将样本分为一般岗位层级（公司职员、出纳与会计岗位、审计助理）与管理层级岗位（会计主管、财务经理、项目经理等中层管理人员、财务总监等高层管理人员）分别基于模型（4.9）和模型（4.10）进行回归。

$$SALARY = \beta_1 GEN + \beta_2 XUELI + \beta_3 REAI + \beta_4 WORYEA + \beta_5 CHAR + \beta_6 GAWE + \beta_7 NCAIWU + \beta_8 LEIBI + \beta_9 DISTR + \beta_{10} WORYEA \times WORYEA + \beta_{11} OVEDU + \beta_{12} OVEDU \times WORYEA + \varepsilon \quad (4.9)$$

$$SALARY = \beta_1 GEN + \beta_2 XUELI + \beta_3 REAI + \beta_4 WORYEA + \beta_5 CHAR + \beta_6 GAWE + \beta_7 NCAIWU + \beta_8 LEIBI + \beta_9 DISTR + \beta_{10} WORYEA \times WORYEA + \beta_{11} OVEDU + \beta_{12} XUELI \times WORYEA + \varepsilon \quad (4.10)$$

从表4－7可以看出，在对模型（4.9）进行实证检验时，一般岗位与管理层级岗位之间的区别在于：管理层级岗位的薪酬与工作单位性质呈现负向关系，且显著，表明相对一般层级岗位，管理层级岗位国有与政府事业单位的薪酬水平显著低于非国有单位。管理层岗位过度教育的系数为负，但并不显著，这表明相比于一般岗位而言，管理层岗位过度教育对于收入的影响更弱。

表4－7　　　　模型（4.9）、模型（4.10）回归结果

变量名称	变量符号	模型（4.9）		模型（4.10）	
		一般岗位	管理层级岗位	一般岗位	管理层级岗位
性别	GEN	0.183215*** (2.94)	0.187967* (1.67)	0.186434*** (2.99)	0.182937 (1.63)
学历	XUELI	0.215335*** (6.03)	0.232538*** (3.53)	0.266915*** (5.07)	0.110222 (0.7)
专业热爱度	REAI	−0.05203 (−1.63)	0.038641 (0.61)	−0.05089 (−1.6)	0.038666 (0.61)
工作年限	WORYEA	0.499256*** (8.5)	0.463637*** (2.75)	0.549978*** (7.87)	0.362252* (1.76)
工作单位性质	CHAR	−0.00992 (−0.19)	−0.2765** (−2.28)	−0.00899 (−0.17)	−0.27115** (−2.23)

续表

变量名称	变量符号	模型（4.9）		模型（4.10）	
		一般岗位	管理层级岗位	一般岗位	管理层级岗位
岗位	GAWE	0.101726*** （2.54）	0.656524*** （7.47）	0.098488** （2.46）	0.648492*** （7.33）
单位财务人员人数	NCAIWU	0.085195*** （6.36）	0.122726*** （4.03）	0.08503*** （6.35）	0.12489*** （4.09）
学校类别	LEIBI	0.108351*** （2.64）	0.126537** （2.0）	0.112249*** （2.73）	0.128944* （2.0）
工作所在地	DISTR	0.221411*** （6.91）	0.283971*** （4.56）	0.223406*** （6.97）	0.282797*** （4.5）
工作年限×工作年限	WORYEA×WORYEA	-0.04862*** （-6.5）	-0.03051* （-1.89）	-0.04711*** （-6.23）	-0.02825* （-1.73）
过度教育	OVEDU	-0.2816*** （-4.21）	-0.14672 （-1.08）	-0.28408*** （-4.25）	-0.15155 （-1.12）
工作年限与学历交互项	XUELI×WORYEA			-0.01927 （-1.33）	0.021913 （0.86）
Adj R-squared		0.3863	0.4091	0.3870	0.4086
样本规模		745	321	745	321

注：在模型中剔除自主创业的人员。

就会计职业发展而言，个人职业发展一般会遵循从一般岗位到管理岗位的职业成长规律。在加入工作年限与学历交互项后，发现一般岗位交互项系数为负，但管理层岗位的交互项系数为正。这表明在初级职业发展阶段，学历与工作年限呈现替代关系，证实了人力资本假设，但在管理岗位层级阶段，学历与工作年限呈现促进关系，证实了筛选假设。

四、基于 CEM 匹配—收入的影响效应分析

1. CEM 匹配—学历对收入的影响效应

尽管前面实证模型已经证实了学历与收入的显著正相关关系。本部分主要研究的问题是在匹配其他因素后，学历是否会影响收入。为了研究这一问题，可以将样本分为专科学历组（对照组）和本科以上学历组（处理组）进行对照分析，测度并比较两组样本对收入影响效应的不同。与第三章类似，基于广义精确匹配（或粗粒度精确匹配，Coarsened Exact Matching）进行匹配，创建一个与处理组在可观测的协变量上分布尽可能接近的对照组，以更加清晰地厘定学历对于收入的影响。

本部分利用 STATA15 中的 CEM 命令进行倾向值匹配，分别专科及以下与本科及以上组别，本科与高职组别、本科与本科以上组别进行匹配。CEM 可以通过控制观测数据中混杂因素对政策结果影响使处理组与控制组的协变量的分布尽可能保持平衡，从而增强两组数据之间的可比性。本部分将学校类别、性别、工作年限、与岗位作为协变量，进行匹配。如第三章所述，CEM 匹配中通过变量 L1 测度组别之间数据的平衡性，L1 取值范围在 0 和 1 之间，越接近 0，表明两组数据平衡程度越大，越接近 1，则表明两组数据不平衡程度越大。

在基于专科及以下与本科及以上组别分类时，利用 imb 函数测算出的匹配前的 L1 值为 0.8455，进一步利用 CEM 匹配后得出的 L1 值为 2.671e－16，表明匹配程度极好。具体匹配样本结果如表 4－8 所示。

表 4－8　　CEM 样本匹配结果（专科及以下学历和本科及以上）

样本	专科及以下样本	本科及以上样本
全部样本	634	441
匹配样本	293	109
未匹配样本	341	332

在基于专科与本科组别分类时，利用 imb 函数测算出的匹配前的 L1 值为 0.8189，进一步利用 CEM 匹配后得出的 L1 值为 2.671e－16，表明匹配程度极好。具体匹配样本结果如表 4－9 所示。

表 4－9　　CEM 样本匹配结果（专科和本科）

样本	专科样本	本科样本
全部样本	634	291
匹配样本	280	92
未匹配样本	354	199

进一步对模型（4.11）基于本科与本科以上学历进行回归分析，回归结果如表 4－11 所示。

在基于本科与本科以上组别分类时，利用 imb 函数测算出的匹配前的 L1 值为 0.5975，进一步利用 CEM 匹配后得出的 L1 值为 3.469e－17，表明匹配程度极好。具体匹配样本结果如表 4－10 所示。

表 4－10　　CEM 样本匹配结果（本科和本科以上）

样本	本科样本	本科以上样本
全部样本	291	150
匹配样本	152	85
未匹配样本	139	65

进一步对模型（4.11a）进行回归分析，回归结果如表 4－11 所示。

$$SALARY = \beta_1 REAI + \beta_2 CHAR + \beta_3 NCAIWU + \beta_4 DISTR + \beta_5 TREAT(cem_{weights}) + \varepsilon \tag{4.11a}$$

表 4-11　　模型（4.11a）回归结果

变量名称	变量符号	专科及以下学历和本科及以上	专科和本科	本科和本科以上
专业热爱度	REAI	0.073618 (0.95)	0.010639 (0.13)	0.152668 (1.52)
工作单位性质	CHAR	-0.43438*** (-3.5)	-0.37673*** (-3.01)	-0.18771 (-1.22)
单位财务人员人数	NCAIWU	0.183673*** (5.8)	0.178683*** (5.54)	0.092733* (2.24)
工作所在地	DISTR	0.39869*** (6.44)	0.400379*** (6.42)	0.167407* (1.72)
学历分组	TREAT	0.388396*** (2.93)		
学历分组 1	TREAT1		0.49231*** (3.55)	
学历分组 2	TREAT2			0.163279 (1)
Adj R-squared		0.1885	0.2022	0.0400
样本规模		402	372	237

从表 4-11 可以看出，无论是基于专科及以下学历和本科及以上分组，还是专科和本科分组，组别之间的差异（TREAT、TREAT1）均在 1% 的水平上显著，这表明在控制其他因素之后，不同学历组别之间的差异依旧显著。但是基于本科与本科以上分组，组别之间的差异（TREAT2）并不显著。所以，本科学历与专科学历存在显著的收入差异，但是本科与本科以上的学历之间差异并不显著，这表明本科学历与专科学历之间可能存在工作经验等不能弥补的收入障碍。

2. CEM 匹配—工作年限对收入的影响效应

本部分主要研究的问题是在匹配其他因素后，工作年限是否会影响收入。为了研究这一问题，可以将样本分为四个组别分别进行分析：工作年限 1 年以内与 1 ~ 3（含）年；工作年限 5 年以内与 5 ~ 10（含）年；5 ~ 10（含）年与 10 ~ 15（含）年；10 ~ 15（含）年与 15 ~ 20（含）年。通过对各组进行对照分析，测度并各自组别样本对收入影响效应的不同。本部分将学校类别、性别、学历与岗位作为协变量，进行匹配。

在基于工作年限 1 年以内与 1 ~ 3（含）年组别分类时，利用 imb 函数测算出的匹配前的 L1 值为 0. 4839，进一步利用 CEM 匹配后得出的 L1 值为 2. 190e – 16，表明匹配程度极好。具体匹配样本结果如表 4 – 12 所示。

表 4 – 12　　CEM 样本匹配结果［1 年以内和 1 ~ 3（含）年］

样本	1 年以内	1 ~ 3（含）年
全部样本	147	259
匹配样本	139	162
未匹配样本	8	97

进一步对模型（4. 11b）进行回归分析，回归结果如表 4 – 16 所示。

$$\begin{aligned} SALARY = {} & \beta_1 REAI + \beta_2 CHAR + \beta_3 NCAIWU \\ & + \beta_4 DISTR + \beta_5 TREAT(cem_{weights}) + \varepsilon \end{aligned} \quad (4.11b)$$

在基于工作年限 5 年以内与 5 ~ 10（含）年组别分类时，利用 imb 函数测算出的匹配前的 L1 值为 0. 5265，进一步利用 CEM 匹配后得出的 L1 值为 6. 275e – 16，表明匹配程度极好。具体匹配样本结果如表 4 – 13 所示。

表 4－13　CEM 样本匹配结果［5 年以内和 5～10（含）年］

样本	5 年以内	5～10（含）年
全部样本	602	198
匹配样本	519	169
未匹配样本	83	29

进一步对模型（4. 11b）进行回归分析，回归结果如表 4－16 所示。

在基于工作年限 5～10（含）年与 10～15（含）年组别分类时，利用 imb 函数测算出的匹配前的 L1 值为 0. 5664，进一步利用 CEM 匹配后得出的 L1 值为 1. 735e－16，表明匹配程度极好。具体匹配样本结果如表 4－14 所示。

表 4－14　CEM 样本匹配结果［5～10（含）年和 10～15（含）年］

样本	5～10（含）年	10～15（含）年
全部样本	45	129
匹配样本	30	47
未匹配样本	15	82

进一步对模型（4. 12）进行回归分析，回归结果如表 4－16 所示。

在基于工作年限 10～15（含）年与 15～20（含）年组别分类时，利用 imb 函数测算出的匹配前的 L1 值为 0. 7097，进一步利用 CEM 匹配后得出的 L1 值为 5. 204e－17，表明匹配程度极好。具体匹配样本结果如表 4－15 所示。

表 4－15　CEM 样本匹配结果［5～10（含）年和 10～15（含）年］

样本	10～15（含）年	15～20（含）年
全部样本	129	52
匹配样本	39	35
未匹配样本	90	17

进一步对模型（4.12）进行回归分析，回归结果如表4－16所示。

表4－16　　模型（4.11b）回归结果

变量名称	变量符号	1年以内和1～3（含）年	5年以内和5～10（含）年	5～10（含）年和10～15（含）年	10～15（含）年和15～20（含）年
专业热爱度	REAI	－0.08794** （－1.99）	0.034723 （0.96）	0.276056* （1.67）	－0.16074 （－0.91）
工作单位性质	CHAR	0.162899** （2.15）	－0.11697* （－1.74）	－0.26215 （－0.86）	－0.00087 （0）
单位财务人员人数	NCAIWU	0.076577*** （3.9）	0.127904*** （7.95）	0.166763** （2.42）	0.210869*** （2.75）
工作所在地	DISTR	0.157129*** （3.05）	0.154276*** （3.51）	0.505347*** （2.76）	0.496722*** （2.88）
工作年限分组1	TREAT1	0.630947*** （8.65）			
工作年限分组2	TREAT2		0.519408*** （6.81）		
工作年限分组3	TREAT3			－0.12971 （－0.48）	
工作年限分组4	TREAT4				0.026481 （0.09）
Adj R－squared		0.2758	0.1519	0.1870	0.2115
样本规模		300	687	77	74

从表4－16可以看，在匹配样本后，1年以内与1～3（含）年之间、5年以内与5～10（含）年之间的工资存在显著差异，1年以内与1～3（含）年之间的分组系数更大，表明工作3年以内薪酬增长速度更快。

但 5～10（含）年与 10～15（含）年、10～15（含）年与 15～20（含）年这两组中，工资并不存在显著差异，这表明毕业起至 10 年是职业快速发展阶段，在 10 年后职业步入平稳期，收入的增长趋势不再显著。

同时可以看到，在 3 年以内工作经验的人员中，政府与国有企业工作的人员工资显著更高，而 10 年以内工作的人员，政府与国有企业工作的人员工资显著更低，但 10～20 年工作经验的人员，工作单位性质系数不再显著，表明不同性质单位的影响差异不再显著。

五、职业培训的影响效应

基于已有研究，职业培训对于个人职业发展有着重要作用。在前面薪酬影响因素模型中加入单位培训时间，如模型（4.12a）所示。由于职业培训能够提升个体的职业能力，可能有助于抑制过度教育对于收入的负向影响。在模型（4.12a）的基础上加入单位培训时间与过度教育的交互项，如模型（4.12b）所示。

$$\begin{aligned} SALARY = {} & \beta_1 GEN + \beta_2 XUELI + \beta_3 REAI + \beta_4 WORYEA + \beta_5 CHAR \\ & + \beta_6 GAWE + \beta_7 NCAIWU + \beta_8 LEIBI + \beta_9 DISTR \\ & + \beta_{10} WORYEA \times WORYEA + \beta_{11} OVEDU + \beta_{12} PEIXUN + \varepsilon \end{aligned} \tag{4.12a}$$

$$\begin{aligned} SALARY = {} & \beta_1 GEN + \beta_2 XUELI + \beta_3 REAI + \beta_4 WORYEA + \beta_5 CHAR \\ & + \beta_6 GAWE + \beta_7 NCAIWU + \beta_8 LEIBI + \beta_9 DISTR \\ & + \beta_{10} WORYEA \times WORYEA + \beta_{11} OVEDU + \beta_{12} PEIXUN \\ & + \beta_{13} OVEDU \times PEIXUN + \varepsilon \end{aligned} \tag{4.12b}$$

从表 4－17 可以看出，单位培训时间越长，越有助于薪酬水平的提高。在加入单位培训时间与过度教育的交互项后，交互项系数为正，表明单位培训时间有可能会抑制过度教育对于收入的不利效应，但系数并不显著。

表 4－17　　模型（4.12a）、模型（4.12b）回归结果

变量名称	变量符号	模型（4.12a）	模型（4.12b）
性别	GEN	0.286978 *** （4）	0.287514 *** （4）
学历	XUELI	0.139063 *** （3.19）	0.139736 *** （3.2）
专业热爱度	REAI	－0.00815 （－0.22）	－0.00701 （－0.19）
工作年限	WORYEA	0.311486 *** （4.36）	0.312114 *** （4.36）
工作单位性质	CHAR	－0.19478 *** （－3.11）	－0.1956 *** （－3.12）
岗位	GAWE	0.172587 *** （7.86）	0.17251 *** （7.86）
单位财务人员人数	NCAIWU	0.072966 *** （4.58）	0.07266 *** （4.55）
学校类别	LEIBI	0.231011 *** （4.36）	0.230975 *** （4.36）
工作所在地	DISTR	0.210226 *** （5.2）	0.210178 *** （5.2）
工作年限×工作年限	WORYEA×WORYEA	－0.01772 ** （－2.25）	－0.01782 ** （－2.26）
过度教育	OVEDU	－0.29105 *** （－3.76）	－0.33103 ** （－2.29）

续表

变量名称	变量符号	模型（4.12a）	模型（4.12b）
单位培训时间	PEIXUN	0.067679*** （2.98）	0.064302** （2.58）
过度教育×单位培训时间	OVEDU×PEIXUN		0.018922 （0.33）
Adj R-squared		0.4515	0.4508
样本规模		712	712

注：样本量减少是因为社会人员调研样本与某高职院校2015级学生调研样本中未调研单位培训时间。

六、职位晋升的影响效应

1. 影响职位晋升的因素

个人在职业发展过程中，职位晋升亦是可以表征职业发展的重要变量。吴愈晓（2011）认为高学历群体与低学历群体晋升的路径有所不同，前者通过人力资本的投入和积累，后者通过工作转换。

从表4-18中，可以明显看出对于工作经验少于5年的人员而言，学历越高，更换工作的次数相对较低。例如本科及以上未更换工作的人员占比均超过55%以上，但大专学历及专升本人员占比均低于40%。这表明在职业发展初期阶段，高学历人员工作相对稳定。

表4-18　学历与工作更换之间的关系（工作经验小于5年）

学历＼更换	未更换	1个	2个	3个	3~5（含）个	5个以上	小计
大专（高职）	66 （39.05%）	34 （20.12%）	36 （21.30%）	25 （14.79%）	7 （4.14%）	1 （0.59%）	169

续表

学历＼更换	未更换	1 个	2 个	3 个	3～5（含）个	5 个以上	小计
专升本	47（39.83%）	26（22.03%）	31（26.27%）	12（10.17%）	1（0.85%）	1（0.85%）	118
普通本科	73（58.87%）	32（25.81%）	12（9.68%）	5（4.03%）	2（1.61%）	0（0.00%）	124
硕士研究生	42（73.68%）	9（15.79%）	5（8.77%）	1（1.75%）	0（0.00%）	0（0.00%）	57
博士研究生	2（66.67%）	1（33.33%）	0（0.00%）	0（0.00%）	0（0.00%）	0（0.00%）	3

之前的研究大多是基于不同劳动力市场，比较不同工作类别的人，本章则是基于同一会计专业与行业类别进行研究。相比于学历而言，可能工作经验是影响晋升的更重要的因素。所以，基于模型（4.13），分别不同工作年限，将学历纳入影响因素，研究影响职业晋升的重要因素。

$$\begin{aligned} ZHJN = {} & \beta_1 GEN + \beta_2 XUELI + \beta_3 REAI + \beta_4 WORYEA + \beta_5 GZCHAN \\ & + \beta_6 PEIXUN + \beta_7 PPEIXUN + \beta_8 CPA \\ & + \beta_9 COMPLEX + \beta_{10} GZCHANY + \varepsilon \end{aligned} \tag{4.13}$$

从表 4－19 可以看出，工作年限越长、曾经从事过会计复杂工作、出于追求更好的工作机会等变换工作的人员，职位晋升的可能性相对较大。对于工作年限小于 5 年（含）的人员而言，工作更换系数显著为正，表明在职业发展初期，更换工作是职位晋升的重要影响因素。对于工作年限大于 5 年的人员而言，工作更换系数并不显著，但是单位培训时间和注册会计师证书系数显著为正，表明人力资源培训是影响职位晋升的重要因素。这表明在不同的职业发展阶段，获取晋升机会的途径可能有所不同。

表 4-19　　模型（4.13）回归结果

变量名称	变量符号	模型（4.13）		
		全样本	工作年限小于5年（含）	工作年限大于5年
性别	GEN	-0.1107 (-0.89)	-0.08226 (-0.53)	-0.17592 (-0.82)
学历	XUELI	-0.11391** (-2.15)	-0.04192 (-0.63)	-0.25012*** (-2.68)
专业热爱度	REAI	-0.00246 (-0.04)	-0.04418 (-0.56)	0.138514 (1.14)
工作年限	WORYEA	0.266429*** (7.52)	0.400501*** (3.83)	0.315083*** (4.29)
工作更换	GZCHAN	0.070458 (1.17)	0.165147* (1.93)	-0.00273 (-0.03)
单位培训时间	PEIXUN	0.097038** (2.39)	0.079174 (1.63)	0.157331** (1.99)
个人培训时间	PPEIXUN	0.04411*** (1.5)	0.085835** (2.42)	-0.04681 (-0.86)
注册会计师证书	CPA	0.632213** (2.39)	0.570039 (1.59)	0.797918* (1.91)
工作复杂	COMPLEX	0.422682*** (3.95)	0.340273*** (2.6)	0.607155*** (3.07)
变换工作原因	GZCHANY	0.509315*** (3.44)	0.397556** (2.11)	0.62095** (2.4)
Pseudo R^2		0.1846	0.1278	0.2131
样本规模		712	433	279

注：样本量减少是因为社会人员调研样本与某高职院校2015级学生调研样本中未调研单位培训时间。

意外的是，学历对于职位晋升呈现负向关系，这可能是因为不同学历的人对于职位晋升的界定有所不同。为了进一步研究在控制其他因素后，不同学历组类别的人是否存在晋升的差异，借鉴以往做法，基于 Coarsened Exact Matching 进行匹配。

在基于专科及以下与本科及以上组别分类时，利用 imb 函数测算出的匹配前的 L1 值为 0.8455，进一步利用 CEM 匹配，控制学校类别、岗位、工作年限等变量后，得出的 L1 值为 2.671e－16，表明匹配程度极好。具体匹配样本结果如表 4－20 所示。

表 4－20　　CEM 样本匹配结果（专科及以下学历和本科及以上）

	专科及以下样本	本科及以上样本
全部样本	634	441
匹配样本	293	109
未匹配样本	341	332

进一步对模型（4.14）进行回归分析，回归结果如表 4－21 所示。

$$ZHJN = \beta_1 REAI + \beta_2 GZCHAN + \beta_3 PEIXUN + \beta_4 PPEIXUN + \beta_5 CPA + \beta_6 COMPLEX + \beta_7 GZCHANY + \beta_8 TREAT(cem\_weights) + \varepsilon \quad (4.14)$$

从表 4－21 可以看出，学历的系数并不显著，表明在控制工作年限、学校类别与工作年限等因素后，学历并非是影响晋升的重要因素。在模型中，复杂工作经历是在匹配后影响职位晋升的重要因素。这表明工作经验是影响职位晋升的重要因素。

表 4－21　　回归结果

变量名称	变量符号	模型（4.14）
专业热爱度	REAI	－0.07731 （－0.58）

续表

变量名称	变量符号	模型（4.14）
工作更换	GZCHAN	0.090594 (0.99)
单位培训时间	PEIXUN	0.075193 (0.81)
个人培训时间	PPEIXUN	-0.01854 (-0.29)
注册会计师证书	CPA	0.747734 (1.1)
工作复杂	COMPLEX	1.079448*** (4.97)
变换工作原因	GZCHANY	-0.05712 (-0.23)
学历	TREAT（cem_weights）	-0.35206 (-1.58)
Pseudo R^2		0.1659
样本规模		296

注：匹配后样本规模变小，原因在于职位晋升缺失部分样本数据。

2. 工作经验—职位晋升—薪酬的作用路径

在模型（4.1）中已实证检验了工作经验对于薪酬的正向作用效应。在模型（4.13）已验证了工作年限对于职位晋升的显著影响。若能进一步证实将职位晋升与工作年限均纳入薪酬模型，二者都能对薪酬产生显著影响，则可证实工作年限的增长，会提升职位晋升机会，而职位晋升会进一步提升薪酬水平（回归结果见表4-22）。

$$\begin{aligned}SALARY = {} & \beta_1 GEN + \beta_2 XUELI + \beta_3 REAI + \beta_4 WORYEA + \beta_5 CHAR \\ & + \beta_6 GAWE + \beta_7 NCAIWU + \beta_8 LEIBI + \beta_9 DISTR \\ & + \beta_{10} WORYEA \times WORYEA + \beta_{11} ZHJN + \varepsilon \end{aligned} \tag{4.15a}$$

$$SALARY = \beta_1 GEN + \beta_2 XUELI + \beta_3 REAI + \beta_4 WORYEA + \beta_5 CHAR + \beta_6 NCAIWU + \beta_7 LEIBI + \beta_8 DISTR + \beta_9 WORYEA \times WORYEA + \beta_{10} ZHJN + \varepsilon \tag{4.15b}$$

表 4-22　　回归结果

变量名称	变量符号	模型（4.15a）	模型（4.15b）
性别	GEN	0.28379*** (4.03)	0.399397*** (5.63)
学历	XUELI	0.14199*** (3.38)	0.148483*** (3.41)
专业热爱度	REAI	-0.01111 (-0.31)	0.011058 (0.3)
工作年限	WORYEA	0.346135*** (4.75)	0.32237*** (4.28)
工作单位性质	CHAR	-0.16955*** (-2.69)	-0.21252*** (-3.28)
岗位	GAWE	0.163488*** (7.24)	
单位财务人员人数	NCAIWU	0.079281*** (5.04)	0.072504*** (4.46)
学校类别	LEIBI	0.211586*** (3.97)	0.264577*** (4.85)
工作所在地	DISTR	0.237938*** (6.16)	0.234516*** (5.87)

续表

变量名称	变量符号	模型（4.15a）	模型（4.15b）
工作年限×工作年限	WORYEA×WORYEA	-0.02014** (-2.52)	-0.01195 (-1.46)
职位晋升	ZHJN	0.023526 (0.34)	0.168305** (2.49)
Adj R-squared		0.4415	0.4027
样本规模		750	750

意外的是，在模型（4.15a）中并未发现职位晋升与薪酬的显著正向关系，这有可能是因为调查问卷中关于职位晋升未明确具体内容，可能工作内容的扩大会被认为是晋升，但可能在短期内不能带来薪酬的增长。当然，也有可能是因为职位晋升的信息已包含于职位层级中。进一步，将模型（4.15a）中的岗位参数去除，如模型（4.15b）所示，进行回归。在模型（4.15b）中，职位晋升尽管系数为正，且显著，但 Adj R-squared 小于包含岗位的模型，表明职位晋升并未包含岗位的全部信息。

综上，尽管工作年限越长，晋升机会越多，但由于职位晋升对于薪酬的影响并不显著，所以基于职位晋升的中间效应路径并不显著。

第四节　基于财务总监数据的薪酬实证检验

如前所述，在不同职业发展阶段，各类要素对薪酬的影响效应有所不同，对于初入职会计人员而言，其工作经验不足，与其他因素的交互影响效应较弱。但对于财务总监而言，工作经验、职业培训的作用均已得到充分体现，是研究三类要素作用效应的最佳职业发展阶段。以上市公司财务总监为研究对象，既聚焦了会计专业，又专注于具体职业的发展。同时，由于财务总监处于会计职业发展的高级阶段，对于三类要素的研究也可以为会计专业教育及会计人员的教育投入提供有效参考与建议。

一、描述性统计

从国泰安数据库下载的财务总监相关数据分别如表4－23～表4－27所示。限于篇幅，本章仅列示了2015～2017年数据的相关分析。与第三章不同，为了剔除不同板块上市公司薪酬数据不同的影响，以深沪主板上市公司数据为样本进行分析，在每一年度均剔除了缺失薪酬及学历变量的数据。在实证检验时，回归模型样本数据区间为2012～2017年。

从表4－23可以看出，各个年度中，中专及以下学历的财务总监薪酬水平最低，而博士研究生薪酬水平最高。随着学历的增长，薪酬呈现增长趋势，所以直观上看过度教育的财务总监可能也获得了超额收益。当然，这还需要回归模型进行检验，根据检验结果予以判断。

表4－23　　不同学历平均薪酬统计表　　单位：元

学历	2015年		2016年		2017年	
	平均薪酬	样本数量	平均薪酬	样本数量	平均薪酬	样本数量
中专及中专以下	389391.6	10	418129.20	12	388511.20	5
大专	426137.4	164	444568.90	159	439682.00	117
本科	555462.7	442	576379.10	512	566924.80	364
硕士研究生	874676.1	403	832932.30	471	811692.60	237
博士研究生	1039732	23	1076150.00	22	1966046.00	10
其他			668950.00	2	550000.00	1
合计	667661.5	1042	669044.50	1178	643498.10	734

注：在上市公司财务总监薪酬分析中采用的均是年度薪酬，单位为元，以下相同。

从表4－24可以看出，持有注册会计师证书的财务总监平均薪酬水平高于未持有注册会计师的财务总监，这在一定程度上表明注册会计师证书是有价值含量的。由于注册会计师证书的取得被认为是国内会计类最难的考试，所以获得较高的薪酬水平符合预期。

表 4 – 24　　持有证书平均薪酬统计表　　单位：元

持有证书	2015 年		2016 年		2017 年	
	平均薪酬	样本数量	平均薪酬	样本数量	平均薪酬	样本数量
未持有注册会计师证书	655026. 8	807	668834. 10	927	621600. 90	583
持有注册会计师证书	711049. 6	235	669821. 50	251	728041. 30	151
合计	667661. 5	1042	669044. 50	1178	643498. 10	734

注：部分财务总监未披露相关信息，所以统计上可能存在一定偏差。

从表 4 – 25 可以看出，女性财务总监人数明显低于男性财务总监，男性财务总监的平均薪酬水平高于女性。由于会计专业毕业学生中，女性数量明显高于男性，所以这表明从整体发展路径上来看，男性职业发展前景明显好于女性。

表 4 – 25　　分性别平均薪酬统计表

性别	2015 年		2016 年		2017 年	
	平均薪酬	样本数量	平均薪酬	样本数量	平均薪酬	样本数量
女	484270. 8	290	564878. 60	352	518501. 00	231
男	738383. 9	752	713434. 80	826	700902. 30	503
合计	667661. 5	1042	669044. 50	1178	643498. 10	734

从表 4 – 26 可以看出，不同行业的财务总监平均薪酬水平存在很大差异。在三个年度中，金融行业与房地产行业平均薪酬水平均分列前两位，与排名最后一位的行业相差数倍。对于财务总监这样的通用职位，依旧存在行业的显著差异，这表明行业是影响薪酬水平的重要因素之一。

表 4－26 **分行业平均薪酬统计表** 单位：元

行业	2015 年		2016 年		2017 年	
	平均薪酬	样本数量	平均薪酬	样本数量	平均薪酬	样本数量
交通运输、仓储和邮政业	506519.2	52	550601.60	49	506519.2	52
住宿和餐饮业	256825	4	306466.70	3	256825	4
信息传输、软件和信息技术服务	617895.4	33	560979.80	52	617013.00	25
农、林、牧、渔业	345085.7	7	403900.00	6	346337.50	4
制造业	492435.9	567	571859.30	636	559449.40	425
卫生和社会工作	334446.4	4	365037.30	3	608150.00	2
建筑业	455685.8	33	474107.90	43	399169.50	19
房地产业	1478886	77	960664.20	81	1237998.00	47
批发和零售业	590667.2	58	583307.20	71	506252.10	38
文化、体育和娱乐业	584002.7	15	580305.50	22	606051.20	15
水利、环境和公共设施管理业	412411.7	16	478611.90	14	459626.90	14
电力、热力、燃气及水生产和供应业	437578.2	65	475261.60	66	482487.70	42
科学研究和技术服务业	734142.9	7	575014.30	14	515870.50	13
租赁和商务服务业	413029.4	15	521205.90	17	318379.50	10
综合	897538.3	10	949325.00	8	787716.70	6

续表

行业	2015 年		2016 年		2017 年	
	平均薪酬	样本数量	平均薪酬	样本数量	平均薪酬	样本数量
采矿业	573470.7	39	521526.40	43	423228.60	21
金融业	2883373	40	2622084.00	48	2497273.00	21
合计	667661.5	1042	669044.50	1178	643498.10	734

在表 4 - 27 中，各省的平均薪酬水平存在差异，但与各省经济水平发展趋势并不完全一致，这可能是因为财务总监除了货币资金薪酬外，还存在股份薪酬。此外，行业特征与企业特征也是影响薪酬的重要因素。

表 4 - 27　　　　分地区平均薪酬统计表

省（区）与直辖市	2015 年		2016 年		2017 年	
	平均薪酬	样本数量	平均薪酬	样本数量	平均薪酬	样本数量
上海	909670.4	77	973425.4	94	711866.1	61
云南	596456.3	16	857026	14	975809.6	11
内蒙古	276314.3	7	327644.4	9	353214.3	7
北京	867983.2	103	795050.8	112	883325.9	54
吉林	604700	21	409015.3	22	286890	10
四川	399961.3	41	448455	48	303777.1	24
天津	550393	14	789675.2	17	708565.1	9
宁夏	294465	8	347628.6	7	514320	4
安徽	440875.5	38	510689.8	45	445245.3	31
山东	489549.3	50	626167.3	65	531426.3	41
山西	556004.8	21	288438.1	21	326688.9	9
广东	1080460	135	1096000	134	1062006	105

续表

省（区）与直辖市	2015 年		2016 年		2017 年	
	平均薪酬	样本数量	平均薪酬	样本数量	平均薪酬	样本数量
广西	939372.6	25	610276.8	27	501944.4	9
新疆	418147.2	18	544771.5	18	290177.8	9
江苏	592948.7	86	530621.8	121	506626.8	88
江西	1017494	10	756294.8	15	1318538	8
河北	591531.5	18	668483.3	18	968078.3	7
河南	416078.3	33	434859.7	34	2064349	12
浙江	477642.4	98	484574.9	102	427776.9	99
海南	360302.4	14	432407	18	563903	7
湖北	552263.3	30	757315.6	38	429735.7	14
湖南	954803	32	571755.9	28	436145.5	11
甘肃	335694.1	17	260093.6	22	263911.7	9
福建	744125.1	33	678386.6	41	492689.3	28
西藏	339400	6	395491.8	7	382000	4
贵州	483900	6	532270	10	429597.4	8
辽宁	419289.2	31	869754.8	29	656191	20
重庆	639868.8	16	720094.1	19	545766.7	9
陕西	315950.2	18	335235	20	335654.5	16
青海	558000	1	547981.6	4	178400	1
黑龙江	349232.9	19	504104.4	19	413511.1	9
Total	667661.5	1042	669044.5	1178	643498.1	734

二、薪酬影响因素分析

首先，借鉴明瑟教育收益方程检验收益与工作年限、教育年限的关系。按照文献及以往研究，个人工资水平与教育年限和工作年限呈现正比关系，与工作年限的平方呈现反比关系。

$$LOGSALARY = \alpha_0 + \beta_1 EDUYEAR + \beta_2 WORKYEAR + \beta_3 WORKYEAR \times WORKYEAR + \beta_4 LOGAVGSALARY + \beta_5 PROV + \beta_6 STATE + \beta_7 LOGFM + \beta_8 GENDER + \beta_9 FGO + \beta_{10} ACADE + \beta_{11} OVERSEA + \varepsilon \tag{4.16a}$$

$$LOGSALARY = \alpha_0 + \beta_1 EDUYEAR + \beta_2 WORKYEAR + \beta_3 DEGREE \times WORKYEAR + \beta_4 LOGAVGSALARY + \beta_5 PROV + \beta_6 STATE + \beta_7 LOGFM + \beta_8 GENDER + \beta_9 FGO + \beta_{10} ACADE + \beta_{11} OVERSEA + \varepsilon \tag{4.16b}$$

在模型（4.16a）中，受教育年限与工作年限均与薪酬成正比，且在1%的水平上显著（见表4－28）。这表明即使在财务总监阶段，工作年限已较长，教育年限的烙印依旧显著，表明会计专业教育的影响可以贯穿在会计人员全职业生涯发展过程中。工作年限的平方项与薪酬呈现负向关系，即随着工作年限的增长，薪酬增长呈现递减趋势，这与以往研究保持一致，表明财务总监薪酬水平与工作年限的关系符合边际收益递减的规律。同时，在模型中可以观测到，财务总监薪酬水平与公司所在地区和行业的平均工资水平呈正比，这表明地区与行业是影响财务总监薪酬水平的重要因素。男性财务总监工资水平显著高于女性，有政治关系、学术背景和海外背景的财务总监薪酬水平相对较高。与以往研究不同，并未观测到国有企业薪酬水平与非国有企业的显著性差异。由于在模型（4.16a）已经控制了行业平均工资水平，所以未将行业虚拟变量纳入模型。

表4－28　　　　薪酬影响因素实证结果分析

变量名称	变量符号	模型（4.16a）	模型（4.16b）
教育年限	EDUYEAR	0.120466*** (0.000)	0.108222*** (0.000)
工作年限	WORKYEAR	0.02073** (0.021)	0.006384 (0.130)

续表

变量名称	变量符号	模型（4.16a）	模型（4.16b）
工作年限平方	WORKYEAR × WORKYEAR	-0.00023 (0.194)	
学历与工作年限交互项	DEGREE × WORKYEAR		0.000994 (0.452)
分年度行业平均薪酬对数	LOGAVGSALARY	0.573219 *** (0.000)	0.572293 *** (0.000)
公司所在省	PROV	0.017106 *** (0.000)	0.017046 *** (0.000)
公司实际控制人性质	STATE	-0.00182 (0.937)	-0.00102 (0.965)
公司财务部门规模	LOGFM	0.168726 *** (0.000)	0.168819 *** (0.000)
性别	GENDER	0.060788 *** (0.000)	0.060212 ** (0.010)
政治关系	FGO	0.070674 *** (0.000)	0.06939 *** (0.000)
学术背景	ACADE	0.162016 ** (0.012)	0.16301 ** (0.012)
海外背景	OVERSEA	0.178189 *** (0.000)	0.174732 ** (0.010)
Adj R-Sq		0.2460	0.2458
样本数量		4924	4924

注：括号内报告P值。***、**、*分别表示在1%、5%和10%的水平上显著。

在模型（4.16b）中，加入学历与工作年限的交互项，交互项系数为正，这表明工作年限的增长，强化了学历对于薪酬的正向影响，学历与工作经验呈现协同效应，在未考虑过度教育因素时，工作年限与学历具备信号功能。这与调查问卷中关于管理岗位的结论是一致的。同时，也在一定程度上证实了在高层级岗位中筛选理论的有效性。

三、过度教育、工作年限与薪酬相关性分析

财务总监是否存在过度教育呢？过度教育究竟会有更高的收益，还是会受到工资的惩罚，现有研究的结论并不一致。关于过度教育的研究，本章借鉴学者（Richard R. Verdugo and Naomi Turner Verdugo）在研究美国1980年教育收益率时提出的Verdugo－Verdugo模型（简称VV模型），对上市公司财务总监薪酬的过度教育与教育不足的收益进行检验。

财务总监处于会计职业发展的高级阶段，本身压力较大，因而压力规避型过度教育的可能性基本不存在。同时，财务总监通常已有多年工作经验，且有一定人脉关系，支持资源较多，因而工作找寻型过度教育存在的可能性较小。基于财政部相关数据统计，我国高端会计人才处于供不应求状态。所以，财务总监若存在过度教育，最有可能是补偿型过度教育。学者（Katz and Ziderman，1980）认为职业层级越高，筛选理论的作用越强。基于供不应求的背景，从这个角度出发，过度教育的财务总监由于能够传递更为有效的学历信号，反而可能获得超额收益，而教育不足的财务总监可能由于信号较弱，有可能受到收入上的惩罚。

在模型（4.17a）和（4.17b）中，引入过度教育和教育不足变量，并控制了其他相关变量。

$$\begin{aligned} LOGSALARY = {} & \alpha_0 + \beta_1 EDUYEAR + \beta_2 WORKYEAR + \beta_3 OVEREDU \\ & + \beta_4 UNDEEDU + \beta_5 LOGAVGSALARY + \beta_6 PROV \\ & + \beta_7 STATE + \beta_8 LOGFM + \beta_9 GENDER \\ & + \beta_{10} FGO + \beta_{11} ACADE + \beta_{12} OVERSEA + \varepsilon \end{aligned} \tag{4.17a}$$

$$\begin{aligned} LOGSALARY = {} & \alpha_0 + \beta_1 EDUYEAR + \beta_2 WORKYEAR + \beta_3 OVEREDU \\ & + \beta_4 UNDEEDU + \beta_5 OVEREDUY \times WORKYEAR \\ & + \beta_6 LOGAVGSALARY + \beta_7 PROV + \beta_8 STATE \\ & + \beta_9 LOGFM + \beta_{10} GENDER + \beta_{11} FGO + \beta_{12} ACADE \\ & + \beta_{13} OVERSEA + \varepsilon \end{aligned} \tag{4.17b}$$

利用2012～2017年的全样本数据进行回归分析，回归结果如表4－29所示。

表4－29　收入与过度教育实证结果分析

变量名称	变量符号	模型（4.16a）	模型（4.16b）
教育年限	EDUYEAR	0.055191** (0.012)	0.055474** (0.012)
工作年限	WORKYEAR	0.010605*** (0.000)	0.014689*** (0.000)
过度教育	OVEREDU	0.133171** (0.011)	0.437909*** (0.000)
教育不足	UNDEEDU	－0.15957*** (0.000)	－0.17916*** (0.000)
过度教育与工作年限交互项	OVEREDUY×WORKYEAR		－0.01373*** (0.000)
分年度行业平均薪酬对数	LOGAVGSALARY	0.569973*** (0.000)	0.571525*** (0.000)
公司所在省	PROV	0.017006*** (0.000)	0.017062*** (0.000)
公司实际控制人性质	STATE	－0.008 (0.728)	－0.00496
公司财务部门规模	LOGFM	0.168053*** (0.000)	0.168877*** (0.000)
性别	GENDER	0.059837 (0.010)	0.061113*** (0.000)

续表

变量名称	变量符号	模型（4.16a）	模型（4.16b）
政治关系	FGO	0.07045*** (0.000)	0.070779*** (0.000)
学术背景	ACADE	0.161705** (0.012)	0.17784*** (0.000)
海外背景	OVERSEA	0.166517** (0.015)	0.164966** (0.015)
Adj R－Sq		0.2482	0.2500
样本数量		4924	4924

注：括号内报告 P 值。***、**、* 分别表示在 1%、5% 和 10% 的水平上显著。

在模型（4.17a）中，过度教育的系数为正，并在 5% 的水平上显著，这意味着过度教育并未受到惩罚，反而得到了较高收益。教育不足的系数为负，并在 1% 的水平上显著，这意味着教育不足的财务总监薪酬水平较低。这与调查问卷得出的结论并不一致，可能是因为对过度教育的测度方法有所不同。由于财务总监主要采用的众数法测度过度教育，所以学历越高，发生过度教育的可能性越大，但是前已述及，学历越高，薪酬水平也越高，这就导致过度教育可能获得超额收益。

在模型（4.17b）中，引入过度教育与工作年限交互项后，过度教育的系数依旧为正，并在 1% 的水平上显著，教育不足的系数依旧为负，并在 1% 的水平上显著，但交互项的系数为负，表明工作年限抑制了过度教育的超额收益，工作年限对于过度教育有替代作用。这在一定程度上佐证了人力资源理论，即工作经验与学历都可以促进人力资源存量的增加，因而存在彼此替代的关系。关于过度教育对于工作年限的中介效应，还可以进一步分析如下。

收入与工作年限的模型如模型（4.16a）所示。系数 C 为 0.02073，并且显著。

过度教育与工作年限的模型如模型（4.18a）所示，回归结果如表 4－30 所示。系数 a 为 －0.0190172，并且显著。

$$OVEREDUY = \beta_0 + \beta_1 WORKYEAR + \varepsilon \quad (4.18a)$$

表 4－30　　收入与过度教育实证结果分析

变量名称	变量符号	模型（4.18a）
工作年限	WORKYEAR	－0.0190172*** （0.000）
Adj R－Sq		0.0648
样本数量		4924

将过度教育与工作年限纳入财务总监薪酬模型，如模型（4.16a）所示，过度教育系数 b 为 0.133171，工作年限系数 C′为 0.010605，ab 与 C′异号，表明过度教育存在遮掩效应，抑制了工作经验对于薪酬水平的正向效应。这与模型（4.16b）交互项系数为负得出的结论一致。

四、过度教育、证书与收入相关性分析

由于在上市公司数据中，没有职业培训相关数据。鉴于证书的取得可以视作职业培训的内容之一，同时由于会计类证书取得后均需参加相应的职业继续教育。所以，证书可以视作职业培训的替代变量。

$$\begin{aligned} LOGSALARY = \alpha_0 &+ \beta_1 EDUYEAR + \beta_2 WORKYEAR + \beta_3 OVEREDU \\ &+ \beta_4 UNDEEDU + \beta_5 PROFE + \beta_6 LOGAVGSALARY \\ &+ \beta_7 PROV + \beta_8 STATE + \beta_9 LOGFM + \beta_{10} GENDER \\ &+ \beta_{11} FGO + \beta_{12} ACADE + \beta_{13} OVERSEA + \varepsilon \quad (4.18b) \end{aligned}$$

$$\begin{aligned}LOGSALARY = {} & \alpha_0 + \beta_1 EDUYEAR + \beta_2 WORKYEAR + \beta_3 OVEREDU \\ & + \beta_4 UNDEEDU + \beta_5 PROFE + \beta_6 PROFE \times OVEREDUY \\ & + \beta_7 LOGAVGSALARY + \beta_8 PROV + \beta_9 STATE \\ & + \beta_{10} LOGFM + \beta_{11} GENDER + \beta_{12} FGO \\ & + \beta_{13} ACADE + \beta_{14} OVERSEA + \varepsilon \end{aligned} \tag{4.18c}$$

$$\begin{aligned}LOGSALARY = {} & \alpha_0 + \beta_1 EDUYEAR + \beta_2 WORKYEAR + \beta_3 OVEREDU \\ & + \beta_4 UNDEEDU + \beta_5 PROFE + \beta_6 PROFE \times WORKYEAR \\ & + \beta_7 LOGAVGSALARY + \beta_8 PROV \\ & + \beta_9 STATE + \beta_{10} LOGFM + \beta_{11} GENDER \\ & + \beta_{12} FGO + \beta_{13} ACADE + \beta_{14} OVERSEA + \varepsilon \end{aligned} \tag{4.18d}$$

在模型（4. 18b）、模型（4. 18c）和模型（4. 18d）中，引入证书合计数量，并以此作为职业培训的替代变量，在控制其他相关变量的基础上，回归结果如表 4 – 31 所示。

表 4 – 31　　过度教育与职业培训实证结果分析

变量名称	变量符号	模型（4. 18b）	模型（4. 18c）	模型（4. 18d）
教育年限	EDUYEAR	0. 055309 ** (0. 012)	0. 072082 *** (0. 000)	0. 055808 ** (0. 011)
工作年限	WORKYEAR	0. 010589 *** (0. 000)	0. 01085 *** (0. 000)	0. 01131 *** (0. 000)
过度教育	OVEREDU	0. 130891 ** (0. 012)	0. 160535 *** (0. 000)	0. 129816 ** (0. 011)
教育不足	UNDEEDU	–0. 1531 *** (0. 000)	–0. 12409 *** (0. 000)	–0. 15465 *** (0. 000)

续表

变量名称	变量符号	模型（4.18b）	模型（4.18c）	模型（4.18d）
职称（执业资格）证书合计	PROFE	0.019461 （0.119）	0.05092*** （0.000）	0.042691 （0.386）
证书合计与过度教育交互项	PROFE × OVEREDUY		-0.03484*** （0.000）	
证书合计与工作年限交互项	PROFE × WORKYEAR			-0.00103 （0.626）
分年度行业平均薪酬对数	LOGAVGSALARY	0.56812*** （0.000）	0.565562*** （0.000）	0.56816*** （0.000）
公司所在省	PROV	0.01703*** （0.000）	0.017178*** （0.000）	0.017019*** （0.000）
公司实际控制人性质	STATE	-0.01007 （0.662）	-0.0066 （0.774）	-0.01011 （0.660）
公司财务部门规模	LOGFM	0.167541*** （0.000）	0.166141*** （0.000）	0.167703*** （0.000）
性别	GENDER	0.061466*** （0.000）	0.062623*** （0.000）	0.061861*** （0.000）
政治关系	FGO	0.070563*** （0.000）	0.0697*** （0.000）	0.070503*** （0.000）
学术背景	ACADE	0.154063** （0.017）	0.15624** （0.016）	0.154419** （0.017）
海外背景	OVERSEA	0.16591** （0.015）	0.150697** （0.027）	0.165474** （0.015）
Adj R-Sq		0.2484	0.2498	0.2483
样本数量		4924	4924	4924

注：括号内报告P值。***、**、*分别表示在1%、5%和10%的水平上显著。

在模型（4.18b）中，职称（执业资格）证书合计的系数为正，但并不显著。但是在模型（4.18c）中加入证书合计与过度教育交互项后，证书合计的系数为正，并在1%的水平上显著，交互项的系数为负且在1%的水平上显著。这表明持有证书越多，相比于没有过度教育的财务总监，过度教育的财务总监薪酬水平更低，持有的证书数量对于过度教育有一定替代效应，可以抑制过度教育对于薪酬水平的消极影响效应。与模型（4.18b）相似，这证明了职业培训与学历教育的生产功能，由于它们都能促进人力资本存量的提升，因而彼此之间具有替代效应。在模型（4.18d）中加入证书合计与工作年限交互项后，交互项的系数为负，并不显著。尽管如此，证书合计与工作年限的替代效应还是可见一斑，在一定程度上说明了人力资源的生产功能在职业教育与工作年限中有所体现。

由于证书合计数量不能完全替代职业教育的质量，所以在下面的模型中，用注册会计师证书的持有作为替代变量，从职业培训内容和质量上对生产功能和信号功能进行检验。

$$\begin{aligned}LOGSALARY = \alpha_0 &+ \beta_1 EDUYEAR + \beta_2 WORKYEAR + \beta_3 OVEREDU \\ &+ \beta_4 UNDEEDU + \beta_5 CPA + \beta_6 LOGAVGSALARY \\ &+ \beta_7 PROV + \beta_8 STATE + \beta_9 LOGFM + \beta_{10} GENDER \\ &+ \beta_{11} FGO + \beta_{12} ACADE + \beta_{13} OVERSEA + \varepsilon \end{aligned} \quad (4.19a)$$

$$\begin{aligned}LOGSALARY = \alpha_0 &+ \beta_1 EDUYEAR + \beta_2 WORKYEAR + \beta_3 OVEREDU \\ &+ \beta_4 UNDEEDU + \beta_5 CPA + \beta_6 PROCPA \times OVEREDUY \\ &+ \beta_7 LOGAVGSALARY + \beta_8 PROV + \beta_9 STATE + \beta_{10} LOGFM \\ &+ \beta_{11} GENDER + \beta_{12} FGO + \beta_{13} ACADE + \beta_{14} OVERSEA + \varepsilon \end{aligned} \quad (4.19b)$$

$$\begin{aligned}LOGSALARY = \alpha_0 &+ \beta_1 EDUYEAR + \beta_2 WORKYEAR + \beta_3 OVEREDU \\ &+ \beta_4 UNDEEDU + \beta_5 CPA + \beta_6 PROCPA \times WORKYEAR \\ &+ \beta_7 LOGAVGSALARY + \beta_8 PROV + \beta_9 STATE + \beta_{10} LOGFM \\ &+ \beta_{11} GENDER + \beta_{12} FGO + \beta_{13} ACADE + \beta_{14} OVERSEA + \varepsilon \end{aligned} \quad (4.19c)$$

在模型（4.19a）、模型（4.19b）和模型（4.19c）中，引入注册会计师证书，并以此作为职业培训的替代变量，在控制其他相关变量的基础上，回归结果如表4-32所示。

表4-32　　过度教育与注册会计师证书实证结果分析

变量名称	变量符号	模型（4.19a）	模型（4.19b）	模型（4.19c）
教育年限	EDUYEAR	0.055343** (0.012)	0.060109*** (0.000)	0.055446** (0.012)
工作年限	WORKYEAR	0.011591*** (0.000)	0.011722*** (0.000)	0.011741*** (0.000)
过度教育	OVEREDU	0.132647** (0.011)	0.139468*** (0.000)	0.132451** (0.011)
教育不足	UNDEEDU	-0.14942*** (0.000)	-0.14084*** (0.000)	-0.14987*** (0.000)
注册会计师证书	CPA	0.124169*** (0.000)	0.156435*** (0.000)	0.144759 (0.167)
证书与过度教育交互项	PROCPA× OVEREDUY		-0.03465 (0.137)	
证书与工作年限交互项	PROCPA× WORKYEAR			-0.00093 (0.839)
分年度行业平均薪酬对数	LOGAVGSALARY	0.557434*** (0.000)	0.555517*** (0.000)	0.557438*** (0.000)
公司所在省	PROV	0.01695*** (0.000)	0.017042*** (0.000)	0.016942*** (0.000)
公司实际控制人性质	STATE	-0.00261 (0.909)	-0.00201 (0.930)	-0.00258 (0.911)

续表

变量名称	变量符号	模型（4.19a）	模型（4.19b）	模型（4.19c）
公司财务部门规模	LOGFM	0.167766*** (0.000)	0.167371*** (0.000)	0.167726*** (0.000)
性别	GENDER	0.060771*** (0.000)	0.060131** (0.010)	0.061008*** (0.000)
政治关系	FGO	0.071199*** (0.000)	0.070516*** (0.000)	0.071132*** (0.000)
学术背景	ACADE	0.145235** (0.025)	0.143443** (0.026)	0.145276** (0.024)
海外背景	OVERSEA	0.166723** (0.014)	0.166551** (0.014)	0.166667** (0.014)
Adj R - Sq		0.2512	0.2514	0.2511
样本数量		4924	4924	4924

注：括号内报告 P 值。***、**、* 分别表示在 1%、5% 和 10% 的水平上显著。

在模型（4.19a）中，注册会计师证书的系数为正，并在 1% 的水平上显著，这表明持有注册会计师证书的财务总监薪酬显著高于未持有证书的财务总监。在模型（4.19b）中加入证书与过度教育交互项，其系数为负，但并不显著。这表明持有注册会计师证书与过度教育呈现一定的替代效应，验证了人力资源理论的生产功能。模型（4.19c）中加入证书与工作年限交互项，其系数为负，但并不显著。这表明持有注册会计师证书与工作经验呈现一定程度的替代效应，持有注册会计师证书体现了一定的生产功能，可以在一定程度上替代工作经验。

五、倾向值匹配——过度教育对收入的影响效应

本部分进一步采用倾向值匹配法测度过度教育是否影响收入。为了研究这一问题，可以将样本分为非过度教育（对照组）和过度教育组（处理组）进行对照分析，测度并比较两组样本对薪酬影响效应的不同。但是由于是否过度教育具有自选择性，而这种选择会影响过度教育与薪酬之间因果关系判断的效度。所以，有必要基于倾向值匹配模型（PSM）估计过度教育对于薪酬的平均处理效应，PSM 分析法的基本原理是创建一个与处理组在可观测的协变量上分布尽可能接近的对照组，以尽可能降低自选择性因素对于过度教育的影响，从而可以更加清晰地厘定过度教育对于薪酬的影响。本部分利用 STATA15 中的 psmatch2 中的命令进行倾向值匹配。

在职业发展过程中，会计人员在做出是否进行更高学历投资决策时，会受到性别、所在地区、政治关系、学术背景及海外求学经历等多种因素的影响。所以，可以将上述因素作为协变量，估计倾向值，进行匹配。为了剔除不同年度因素的影响，本部分仅以 2017 年度主板上市公司数据进行分析，并剔除遗漏数据样本，共计得到样本 722 家公司，具体 Logit 模型如模型（4.20a）所示。

$$\begin{aligned} OVEREDU = \alpha_0 + \beta_1 PROV + \beta_2 GENDER + \beta_3 FGO \\ + \beta_4 ACADE + \beta_5 OVERSEA + \varepsilon \end{aligned} \tag{4.20a}$$

1. Logit 模型回归结果

具体 Logit 模型回归结果如表 4－33 所示。

表 4－33　　　　模型回归结果

变量名称	变量符号	模型（4.20a）
公司所在省	PROV	0.009349 （0.330）

续表

变量名称	变量符号	模型（4.20a）
性别	GENDER	0.4127884 ** (0.021)
政治关系	FGO	-0.5742455 (0.378)
学术背景	ACADE	1.131211 *** (0.007)
海外背景	OVERSEA	1.277737 ** (0.013)
Pseudo R^2		0.0276
样本规模		722

2. 过度教育与薪酬—基于 PSM 的处理效应

从表 4-34 可以看出，相比于未匹配的处理效应，ATT 的差异值有所下降，且 T 值大于 1.96，表明过度教育确实存在超额收益。在共计 722 个估测值中，控制组有 3 个样本不在共同取值范围中，处理组共有 4 个样本不在共同取值范围内。进一步，采用自助法计算标准误。

表 4-34　模型匹配结果

平均效应	过度教育	未过度教育	差异	标准差	T 值
未匹配	13.24964	12.78956	0.460079	0.067215	6.84
ATT	13.23346	12.86243	0.371022	0.083503	4.44
ATU	12.78979	13.16123	0.371447	—	
ATE			0.371304	—	

从表 4-35 可以看出，ATT、ATU 和 ATE 的自助标准误分别为 0.09，0.08 和 0.07，且均在 1% 的水平上显著。表明过度教育的财务总监确实获

得了超额收益。

表 4－35　　bootstrap 标准误

平均效应	系数	bootstrap 标准误	z	P > z
ATT	0. 371022	0. 090646	4. 09	0. 000
ATU	0. 371447	0. 085192	4. 36	0. 000
ATE	0. 371304	0. 076453	4. 86	0. 000

接下来，对匹配平衡性结果进行检验，如表 4－36 所示。

表 4－36　　匹配平衡性结果检验

变量名称		处理组均值	控制组均值	% bias	% reduct | bias |	t	p > | t |
公司所在省	未匹配	21. 531	20. 846	7. 9	81. 2	1. 03	0. 305
	匹配	21. 442	21. 313	1. 5		0. 16	0. 877
性别	未匹配	0. 74074	0. 65553	18. 6	95. 1	2. 33	0. 020
	匹配	0. 7375	0. 74167	－0. 9		－0. 10	0. 917
政治关系	未匹配	2. 0041	2. 0355	－11	100. 0	－1. 22	0. 225
	匹配	2. 0042	2. 0042	0. 0		0. 00	1. 000
学术背景	未匹配	0. 06996	0. 02088	23. 7	83. 0	3. 30	0. 001
	匹配	0. 05833	0. 06667	－4. 0		－0. 38	0. 707
海外背景	未匹配	0. 0535	0. 01253	23	79. 7	3. 27	0. 001
	匹配	0. 04167	0. 03333	4. 7		0. 48	0. 632

从表 4－36 可以看到，匹配后变量的标准化偏差（% bias）均小于 10%，而且 T 检验结果表明不拒绝处理组与控制组无系统性差异的原假

设。对比匹配前结果，标准化偏差均大幅缩小。这表明过度教育组与非过度教育组存在收益的显著差异。

六、学历歧视、工作经验与学历工资差距

劳动力市场中存在歧视因素已经是个不争的事实，一方面反映为“同工者”的不同酬，另一方面反映为就业机会的不平等，即“同工”的机会不均等。薪酬差距由于其定量和可观测性的特征，通常被用作研究人力资源收益和职业隔离的表征变量。基于 Oaxaca – Blinder 模型，薪酬差距可以分为特征差异与系数差异。特征差异是指可以由人力资源及劳动力市场特征解释的差异，通常可以用以解释“同工者”的不同酬，而系数差异则代表了劳动力市场的隔离与歧视因素，用以反映就业机会的不平等，即“同工”的机会不均等。所以人力资源理论与劳动力市场分割理论奠定了薪酬差距的研究基础。

现有研究认为劳动力市场存在性别、学历、户籍和所有制等因素的分割（吴愈晓、吴晓刚，2009），学历甚至成为区分主要劳动力市场与次要劳动市场的重要因素（吴愈晓，2011），并发现学历水平高的女性在就业中仍然会受到歧视（刘志国、宋海莹，2018），但研究大多是基于性别歧视，关注性别与所有制（刘志国、宋海莹，2018），性别与行业（罗楚亮等，2019）之间的影响关系。

关于职业隔离的成因，有学者认为由于信息不对称，导致了雇佣方必须通过某些个体特征（例如高学历、男性）将需要的人筛选出来，进而形成对某一特定群体的歧视，即为统计性歧视（宁光杰，2011）。这与筛选理论具有同源性。由于统计性歧视的根源在于信息不对称，所以学历和工作经验等有助于消除信息不对称的因素可以降低职业歧视程度。也有学者从行业、地区与企业风险异质性的视角解读劳动力市场的分割及由之引致的薪酬溢价差异（周蕾、周萍华、刘锦妹，2018）。现有文献于学历歧视的研究相对较少。与性别歧视类似，在就业市场上可能存在学历歧视，亦会以学历工资差距和职业隔离的方式表

现出来。具体到会计专业，在初始招聘时，高学历的学生更容易获得工作机会，后续职业晋升及职业薪酬增长会更快。大专及以下等低学历的人员则可能会存在职业的“天花板效应”，例如担任财务总监人员的比例会相对较低，工资薪酬水平也相对较低。在高等教育扩招的背景下，更有必要对学历工资差距进行深入研究，分析学历可能引致的歧视效应，深入研究工作经验是否可以对低学历进行有效替代。相比于性别薪酬差距的研究，学历由于更具调整性，因而对学历薪酬差距的研究更具现实意义。

为了研究学历工资差距，本部分将专科及以下学历界定为低学历，将本科及以上学历界定为高学历，并以为基础分析高学历与低学历工资差距。

1. 薪酬影响因素的 OLS 回归分析

根据以往研究，影响薪酬的因素主要包括个人特征（性别、工作年限、教育年限）、企业特征（企业性质）、行业特征及地区特征等。本书以国有和非国有测度企业性质，以行业平均工资测度行业特征，按照各年度从业人员平均工资（数据来自国家统计局网站）的自然对数测度地区特征。

回归模型如模型（4.21）所示：

$$\begin{aligned}\mathrm{LOGSALARY} = \alpha_0 &+ \beta_1\mathrm{GENDER} + \beta_2\mathrm{EDUYEAR} + \beta_3\mathrm{WORKYEAR} \\ &+ \beta_4\mathrm{WORKYEAR} \times \mathrm{WORKYEAR} + \beta_5\mathrm{PROV} \\ &+ \beta_6\mathrm{STATE} + \beta_7\mathrm{LOGAVGSALARY} + \varepsilon \qquad (4.21)\end{aligned}$$

在表 4 - 37 中对近五年（2013 ~ 2017 年）财务总监薪酬影响因素进行回归分析，同时分别对高学历（本科及以上）与低学历（大专及以下）进行分组分析。在全样本模型中，性别、工作年限等与以往研究一致，但是在低学历样本中，性别对于薪酬的影响并不显著。

表 4－37　　薪酬模型的 OLS 估计

变量名称	变量符号	2013～2017 年		
		全样本	高学历	低学历
性别	GENDER	0. 095873 *** (3. 76)	0. 134703 *** (4. 67)	0. 068247 (1. 17)
教育年限	EDUYEAR	0. 155531 *** (16. 39)		
工作年限	WORKYEAR	0. 025654 *** (2. 57)	0. 0278643 ** (2. 37)	0. 063223 * (1. 82)
工作年限平方	WORKYEAR × WORKYEAR	－0. 00024 (－1. 21)	－0. 00039 (－1. 48)	－0. 00093 (－1. 58)
分年度地区平均工资	PROV	0. 8748 *** (9. 17)	0. 954963 *** (9. 34)	1. 795527 *** (6. 20)
公司实际控制人性质	STATE	0. 090497 *** (3. 75)	0. 108553 *** (4. 08)	0. 288353 *** (4. 78)
分年度行业平均薪酬对数	LOGAVGSALARY	0. 661965 *** (18. 39)	0. 7524893 *** (19. 67)	0. 225539 * (1. 81)
Adj R－Sq		0. 1929	0. 1466	0. 0904
样本数量		4542①	3786	756

注：括号内报告 t 值。*** 、** 、* 分别表示在 1% 、5% 和 10% 的水平上显著。

从表 4－37 中数据可以看出，无论是全样本，也无论是高学历组还是低学历组，企业特征（实际控制人是否国有）、地区特征（平均工资水平）和行业特征均是重要影响因素，均在 1% 的水平显著。工作年限在各个模型中均显著为正，且低学历样本中系数较大，表明工作年限有助于薪酬增

① 样本量与之前不一致，是剔除缺失数据样本所致，下同。

长，在低学历样本中，工作年限的正向影响效应相对较高。这表明工作年限可以降低由于学历而引致的工资差距。

2. 学历工资基本 Oaxaca - Blinder（O - B）分解

尽管已往研究表明性别对工资有较大影响，但基于描述性统计数据，可以看到学历工资差距大于性别工资差距。所以，本书仅将性别作为影响特征因素纳入分解模型，进行基本分解。按照 Oaxaca - Blinder（O - B）分解的思路，学历工资可以分解为解释差异与不可解释差异，解释差异即是由于个体特征差异（诸如工作年限等特征）影响的差异，非解释差异更多是由于职业隔离等歧视性因素和个人自我选择等因素形成的差异。

$$LOGSALARY_h = \beta_h X_h + \varepsilon_h \tag{4.22a}$$

$$LOGSALARY_l = \beta_l X_l + \varepsilon_l \tag{4.22b}$$

模型（4.22a）反映的是高学历组薪酬变量及影响因素。$LOGSALARY_h$ 表示高学历组的薪酬对数，β_h为估计系数，X_h表示高学历组影响薪酬的变量因素，ε_h表示薪酬函数的随机扰动项。模型（4.21b）反映的是低学历组薪酬变量及影响因素，具体变量与高学历组类似。按照 Oaxaca - Blinder 分解模型，高学历组和低学历组的工资差异可以分解为：

$$\begin{aligned} E(LOGSALARY_h) - E(LOGSALARY_l) &= \beta_h X_h - \beta_l X_l = X_h(\beta_h - \beta_l) + \beta_l(X_h - X_l) \\ &= \beta_h(X_h - X_l) + X_l(\beta_h - \beta_l) \end{aligned} \tag{4.22c}$$

在模型（4.22c）中，$(X_h - X_l)$ 表示特征效应，即可以通过个体特征、企业特征、行业特征和地区特征解的因素。$(\beta_h - \beta_l)$ 则表示不可解释因素（通常也被归结为歧视因素，例如企业倾向于选择高学历的人员）对工资差距的解释程度。在 Stata 软件中，可以通过"Oaxaca"命令对工资差距的解释分解为特征因素与不可解释因素。

进一步将 2005 ~2016 年数据绘成折线图，如图 4 -2 所示。

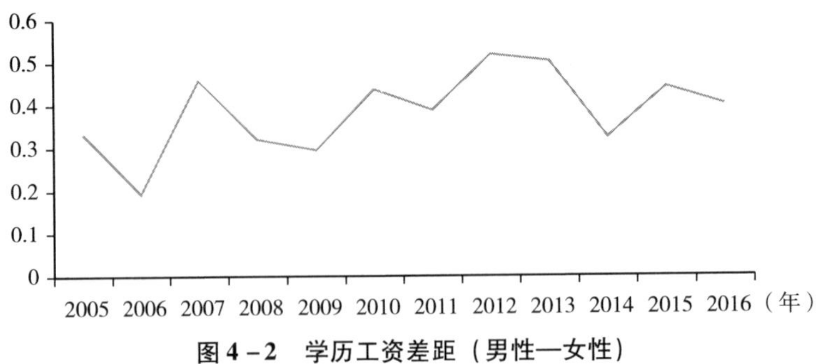

图 4－2　学历工资差距（男性—女性）

如图 4－2 所示，近年来，尤其是 2009 年后，高学历财务总监与低学历财务总监的薪酬差距呈现波动性上升趋势。为了清晰展示学历工资差距的可解释效应，将特征效应对工资差异占比的趋势绘制为图 4－3。

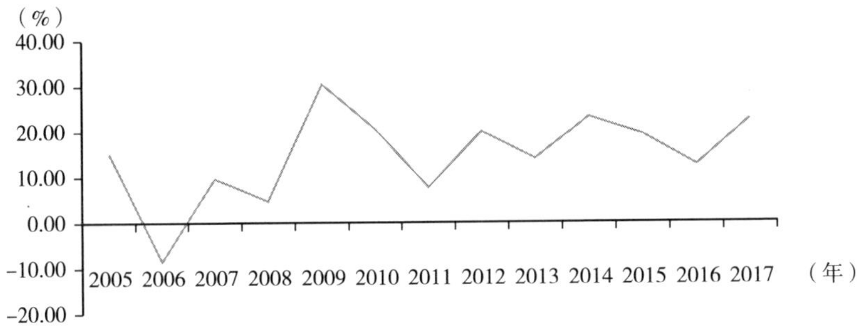

图 4－3　特征差异占比

从图 4－3 可以看出，特征差异可以解释的因素占比，尽管中间有所波动，但可以解释的因素占比呈现上升趋势，表明社会歧视因素有所减少，但占比整体依旧偏低，表明社会歧视现象依旧严重。即对于财务总监而言，自我选择及歧视可以解释工资差距的绝大部分构成效应。

如表 4－38 所示，在特征效应中，性别是构成学历工资差异的因素，但整体贡献比重不高。除 2006 年度外，工作年限贡献均为负，表明工作经验的增长有助于低学历财务总监工资的增长，进而缩小不同学历间的工资差距。同时在表中可以看到，除个别年度外，地区特征、企业特征与行业

表 4－38　学历工资差距分解结果（2005～2016 年）

变量	2005 年	2006 年	2007 年	2008 年	2009 年	2010 年	2011 年	2012 年	2013 年	2014 年	2015 年	2016 年
低学历	11.62678	11.89276	12.01826	12.22518	12.31809	12.36506	12.58218	12.39922	12.45117	12.67339	12.59266	12.67055
高学历	11.96009	12.0865	12.4767	12.54618	12.61377	12.80163	12.96999	12.91796	12.95436	12.99747	13.03411	13.07073
差异	-0.33331	-0.19374	-0.45845	-0.321	-0.29568	-0.43657	-0.38781	-0.51874	-0.50319	-0.32407	-0.44145	-0.40018
特征效应	15.29%	-8.49%	9.64%	4.71%	30.41%	20.53%	7.67%	19.96%	13.94%	23.16%	19.36%	12.52%
系数效应	84.71%	108.49%	90.36%	95.29%	69.59%	79.47%	92.33%	80.04%	86.06%	76.84%	80.64%	87.48%
特征效应												
性别	5.44%	-19.44%	26.12%	108.45%	6.45%	10.22%	4.15%	6.28%	6.10%	7.88%	7.94%	8.70%
工作年限	-20.14%	305.37%	-128.38%	-626.19%	-40.23%	-37.80%	-228.85%	-40.23%	-80.86%	-84.04%	-51.42%	-145.55%
分年度地区平均工资	98.38%	-134.35%	59.56%	214.49%	32.11%	38.53%	69.07%	47.35%	52.75%	66.76%	38.06%	92.19%
公司实际控制人性质	19.27%	-115.20%	60.49%	175.62%	44.99%	34.77%	86.65%	33.03%	60.97%	37.19%	18.51%	24.42%
分年度行业平均薪酬对数	-2.95%	63.62%	82.21%	227.63%	56.68%	54.28%	168.97%	53.56%	61.04%	72.22%	86.91%	120.24%

续表

变量	2005 年	2006 年	2007 年	2008 年	2009 年	2010 年	2011 年	2012 年	2013 年	2014 年	2015 年	2016 年
系数效应												
性别	2.70%	3.26%	-9.28%	31.39%	-6.56%	55.26%	16.68%	-45.12%	-21.91%	-6.48%	41.90%	17.91%
工作年限	69.29%	-3.58%	-43.63%	20.15%	-260.93%	18.65%	-60.06%	-49.67%	38.52%	-38.87%	-49.00%	-17.55%
分年度地区平均工资	210.98%	1521.61%	532.47%	1974.61%	-330.22%	-42.66%	-706.22%	-1028.80%	-1048.72%	-2400.94%	-536.34%	-2188.90%
公司实际控制人性质	37.89%	0.69%	7.68%	4.65%	22.04%	-7.52%	7.00%	-18.83%	0.64%	-26.43%	-39.41%	-17.82%
分年度行业平均薪酬对数	-1479.44%	5441.17%	33.20%	-77.99%	921.48%	603.50%	59.09%	1695.59%	1374.13%	1877.41%	1905.57%	1804.23%
扰动项	1258.57%	-6863.14%	-420.44%	-1852.81%	-245.80%	-527.23%	783.50%	-453.17%	-242.66%	695.31%	-1222.72%	502.13%

特征都会扩大不同学历组间的工资差距，并且对于工资差距的贡献均远大于性别。

在系数效应中，大部分年度工作年限贡献为负，表明低学历财务总监通常具备更多的工作经验，即公司在聘用财务总监时可能会将工作经验视作低学历的补偿因素。2009 年后，公司分年度地区平均工资的贡献均为负，这可能是因为高收入地区选择高学历财务总监的倾向性有所降低，对于学历的歧视程度有所减轻，这与近年来各地吸引人才的各项政策有一定相关性。2010 年后，公司实控人性质的贡献大部分为负，表明国有企业对学历的歧视有所降低，当然这也有可能是国企限薪令后求职人员自我选择的结果。除个别年度外，行业特征（分年度行业平均薪酬对数）的贡献均为正，且比重较高，这表明盈利水平高的行业对于低学历的求职人员具有较为严重的歧视效应。

3. 学历工资分解—基于工作年限

前文回归模型已经表明工作年限对于薪酬有显著影响。在学历工资基本 Oaxaca – Blinder（O – B）分解中，也发现了工作年限对于学历工资差距的替代效应，所以可以进一步基于工作年限分组分析。财务总监平均工作年限在 20 ~ 24 年，所以以工作经验 20 年为界限，将样本分为两组：工作经验在 20 年以上和 20 年（含）以下，分别进行学历工资差距分解。

基于表 4 – 39，将工作年限低于 20 年（低工作年限）财务总监学历薪酬差距与工作年限高于 20 年（高工作年限）的学历薪酬差距年度变化趋势绘制成折线图，如图 4 – 4 所示。在图 4 – 4 中可以明显看出，工作经验低于 20 年的财务总监在各年度的学历工资差距均大于工作经验高于 20 年的财务总监，这意味着工作经验有助于减少学历形成的工资差距。

表 4－39　学历工资差距分解结果—基于工作年限分组①

变量	2008 年		2009 年		2010 年		2011 年		2012 年		2013 年		2014 年		2015 年	
工作年限	20 年以上	20 年（含）以下	20 年以上	20 年（含）以下	20 年以上	20 年（含）以下	20 年以上	20 年（含）以下	20 年以上	20 年（含）以下	20 年以上	20 年（含）以下	20 年以上	20 年（含）以下	20 年以上	20 年（含）以下
低学历	12. 2727	12. 01429	12. 36744	12. 11575	12. 33641	12. 33641	12. 63877	12. 3313	12. 45911	12. 07904	12. 48399	12. 19478	12. 72628	12. 23047	12. 61266	12. 29637
高学历	12. 63106	12. 47485	12. 63574	12. 59059	12. 78862	12. 78862	13. 0569	12. 86057	12. 98729	12. 81787	13. 02606	12. 84528	13. 04849	12. 9049	13. 07013	12. 9613
差异	－0. 358356	－0. 460554	－0. 268293	－0. 474839	－0. 452204	－0. 452204	－0. 41813	－0. 529269	－0. 528181	－0. 738839	－0. 542064	－0. 650502	－0. 322212	－0. 674426	－0. 457469	－0. 664931
特征效应	53. 06%	18. 02%	75. 25%	22. 17%	42. 28%	17. 09%	38. 66%	16. 52%	34. 00%	19. 30%	28. 57%	20. 31%	40. 99%	35. 06%	28. 59%	42. 97%
系数效应	46. 94%	81. 98%	24. 75%	77. 83%	57. 72%	82. 91%	61. 34%	83. 48%	66. 00%	80. 70%	71. 43%	79. 69%	59. 01%	64. 94%	71. 41%	57. 03%
特征效应																
性别	7. 57%	6. 74%	2. 92%	0. 69%	7. 16%	－1. 26%	8. 76%	2. 55%	9. 77%	0. 36%	5. 40%	－4. 65%	6. 66%	－5. 76%	2. 76%	19. 52%
分年度地区平均工资	32. 31%	35. 78%	23. 02%	29. 70%	30. 58%	－5. 72%	27. 75%	－1. 68%	33. 18%	23. 57%	38. 29%	－3. 62%	38. 61%	24. 73%	21. 45%	25. 79%
公司实际控制人性质	31. 86%	23. 50%	44. 88%	8. 09%	34. 22%	25. 47%	34. 23%	5. 70%	26. 20%	21. 02%	33. 27%	38. 82%	20. 69%	33. 14%	18. 80%	10. 46%

① 篇幅所限，此处只报告部分年度数据。

续表

变量	2008年		2009年		2010年		2011年		2012年		2013年		2014年		2015年	
工作年限	20年以上	20年（含）以下	20年以上	20年（含）以下	20年以上	20年（含）以下	20年以上	20年（含）以下	20年以上	20年（含）以下	20年以上	20年（含）以下	20年以上	20年（含）以下	20年以上	20年（含）以下
分年度行业平均薪酬对数	28.26%	33.99%	29.17%	61.52%	28.04%	81.51%	29.25%	93.43%	30.86%	55.04%	23.05%	69.46%	34.04%	47.89%	56.99%	44.23%
系数效应																
性别	66.12%	37.50%	8.39%	-5.84%	90.66%	94.43%	43.81%	53.78%	-55.43%	-32.83%	-32.65%	12.89%	3.88%	-67.98%	41.96%	-42.68%
分年度地区平均工资	4055.27%	604.38%	-2224.10%	-504.12%	-445.10%	1500.10%	-884.98%	-58.24%	-1836.92%	538.00%	-1263.64%	-640.21%	-4702.69%	1356.77%	-820.20%	-1106.96%
公司实际控制人性质	4.53%	37.82%	323.42%	-35.38%	15.61%	-18.81%	25.52%	11.87%	-16.83%	-21.07%	5.61%	-3.70%	-39.25%	-7.70%	-53.91%	-19.42%
分年度行业平均薪酬对数	-385.36%	1475.37%	4437.08%	-3331.58%	874.04%	-3018.02%	-6.99%	-4200.26%	2000.57%	2251.05%	1860.79%	-2485.08%	3340.34%	-124.09%	2264.39%	4081.68%
扰动项	-3640.56%	-2055.06%	-2444.80%	3976.91%	-435.21%	1542.30%	922.64%	4292.84%	8.61%	-2635.15%	-470.11%	3216.10%	1497.71%	-1057.00%	-1332.24%	-2812.62%

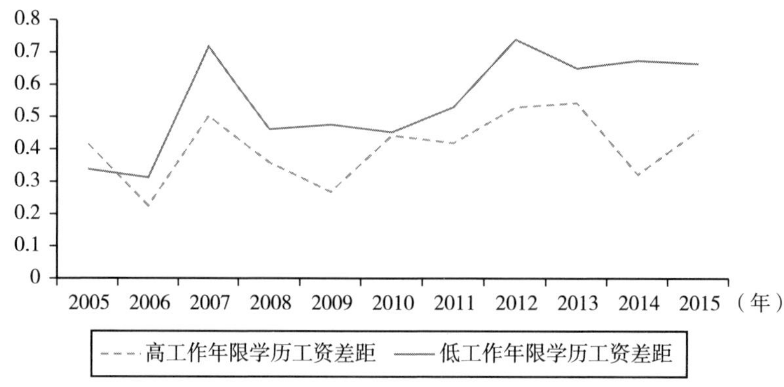

图 4-4　基于工作年限的学历工资差距

将特征效应差异占比的趋势绘制为图 4-5。在图中可以看到在工作年限分组中，高工作年限分组的特征差异贡献比例在大多数年度均大于低工作年限分组，表明较长的工作年限降低了对低学历的歧视效应。相比于图 4-3，以工作经验分组后，尤其是高工作年限组，特征效应有所增长，表明以工作经验分组后，各类要素对于工资差距的解释能力有所增强。

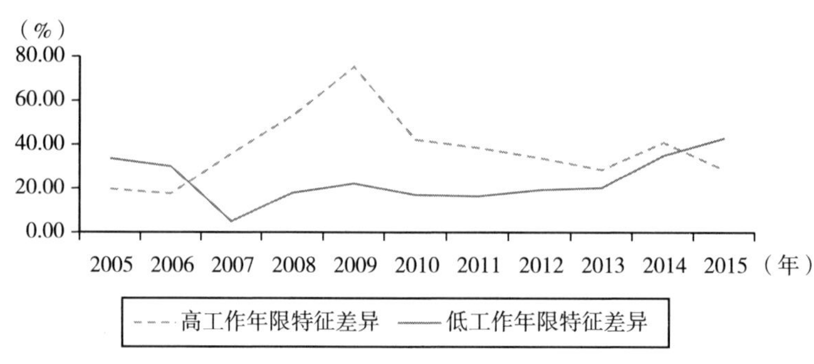

图 4-5　特征差异占比—基于工作年限分组

如表 4-39 所示，在特征效应中，除个别年度外，分年度地区平均工资、公司实际控制人性质和分年度行业平均薪酬对数贡献比例较高，对低学历组的薪酬有不利影响，扩大了不同学历组别之间的工资差距。这表明行业、地区和企业性质（国有和非国有）是影响工资薪酬的重要因素。

系数效应中，2012 年后，分年度行业平均薪酬对数，高工作年限组贡献始终为正值，表明对于工作年限高于 20 年的财务人员，行业对于低学历仍然存在严重的歧视效应。公司实控人性质在2012年度之后，贡献占比主要为负，表明国有企业对于低学历人员歧视程度有所降低。对于高工作年限组，地区特征（企业所在省）在2011年后贡献为负，表明工作年限降低了地区对于低学历的歧视效应。意外的是，在大部分年度的高工作年限组数据中，地区特征和行业特征呈现了相反的贡献趋势，尤其自2012年度后，工资水平高地区对低学历高工作年限人员不存在歧视，因而降低了高学历组与低学历组的工资差距，但工资水平高的行业却存在对于低学历高工作年限财务人员的职业隔离，因而扩大了高工作年限组学历工资差距。这与各地区引进人才的政策保持一致，表明地区歧视及劳动力市场分割呈现弱化趋势，但行业隔离（尤其对高工作年限但低学历人员的歧视效应）依旧存在。

第五节 结论与政策建议

一、结论

经过前述实证结果分析，可以得到如下四点结论。

（1）过度教育测度方法不同，得出的结论有所不同。

基于主观评价法测度过度教育时，发现过度教育的系数为负，且在1%的水平上显著，表明过度教育并未获得收益溢价，反而存在收益损失。但是基于众数法测度财务总监过度教育时，发现过度教育的系数为正，并在5%的水平上显著，这意味着过度教育并未受到惩罚，反而得到了较高收益。教育不足的系数为负，并在1%的水平上显著，这意味着教育不足的财务总监薪酬水平较低。

之所以得出不同的结论，原因可能在于众数法测度过度教育时，学历越高，发生过度教育的可能性越大，而学历与薪酬水平本身呈现强正相关关系，进而导致过度教育带来超额收益，而教育不足则会呈现收入损失效应。

（2）过度教育、职业培训和工作经验三者之间的关系。

基于调查问卷数据发现，在初级职业发展阶段，学历与工作年限呈现替代关系，证实了人力资本假设，但在管理岗位层级阶段，学历与工作年限呈现促进关系，证实了筛选假设。但是基于财务总监数据实证检验，发现工作年限抑制了过度教育的超额收益，工作年限对于过度教育有替代作用。

基于调查问卷数据实证检验，在加入单位培训时间与过度教育的交互项后，交互项系数为正，表明单位培训时间有可能会抑制过度教育对于收入的不利效应，但系数并不显著。基于财务总监数据实证检验，以职称（执业资格）证书替代职业培训，发现持有的职称（执业资格）证书数量与过度教育和工作经验呈现替代关系，这表明职业培训确实具备实质性人力资本生产功能。当以职称（执业资格）证书替代职业培训，发现持有注册会计师证书与过度教育呈现替代效应，但与工作经验的替代效应并不显著。这表明取得注册会计师证书的过程与学历教育具有一定相似性，因而可以对过度教育起到替代作用。但是，注册会计师证书与工作经验持有的证书与工作经验和过度教育亦呈现替代效应。

（3）职业发展特征。

基于调查问卷数据，采用 CEM 匹配检验后，发现本科学历与专科学历存在显著的收入差异，但是本科与本科以上的学历之间差异并不显著，这可能表明本科学历与专科学历之间存在工作经验等不能弥补的收入障碍。

基于调查问卷数据，采用 CEM 匹配检验后，1 年以内与 1 ~ 3（含）年之间、5 年以内与 5 ~ 10（含）年之间的工资存在显著差异，但 5 ~ 10（含）年与 10 ~ 15（含）年、10 ~ 15（含）年与 15 ~ 20（含）年这两组中，工资并不存在显著差异，这表明毕业起至 10 年是职业快速发速阶段，在 10 年后职业步入平稳期，收入的增长趋势不再显著。

基于调查问卷数据，在职业发展初期，更换工作是职位晋升的重要影响因素，但是对于工作年限大于 5 年的人员而言，工作更换系数并不显著，单位培训时间和注册会计师证书系数却显著为正，表明人力资源培训是影响职位晋升的重要因素。这表明在不同的职业发展阶段，获取晋升机会的途径可能有所不同。

（4）学历工资歧视。

基于财务总监数据实证检验，发现学历工资歧视大于性别歧视，并且呈现波动性上升趋势，表明对于会计职业而言，尽管工作经验有助于减少学历形成的工资差距，低学历人员仍存在严重的上升渠道限制。

二、政策建议

（1）从本章结论看来，工作经验是对学历教育存在一定替代效应。对于职业教育的学历教育与职业培训，如何归纳总结工作经验，为初入职者提供事半功倍的教育与培训，是未来职业培训体系需要重点考虑的内容，也是未来职业证书考试改革的重要方向。

（2）从会计类现有职称（执业资格）证书来看，职称证书的数量确实能反映人力资源能力的提升，并在就业市场上获得了超额报酬。但是从实证结果来看，被公认为会计类含金量较高的注册会计师证书对于工作经验的替代效应有限，其评价体系及内容更多是对学历教育的延续。所以，在会计类证书体系中体现对职业工作的考核，提升各类证书的职业能力含量，可能是证书考试未来改革的重要方向。

（3）不同职业发展阶段，职业培训、工作经验与教育年限的作用可能有所不同。所以，教育主管应会同财政部门共同分析不同会计岗位的教育年限需求，职业培训内容需求，以合理确定职业教育学位年限，职业培训时间要求等。

（4）学历工资差距显著存在，尽管工作经验能够减少工资学历差距，但歧视效应贡献占比较大，低学历（大专及以下）人员成为上市公司财务总监的机会显著减少，职业隔离（尤其是行业隔离）现象较为严重。基于此，在大力发展职业教育的背景下，提升会计职业教育的学历层次，可能是发展会计职业教育，提升会计人员职业发展水平的有效路径。

第五章 满意度水平分析

本书第三章与第四章分别对过度教育的影响因素、薪酬的影响因素进行了深入分析，但是在个人职业发展过程中，除了薪酬与职位晋升这些外在表征变量外，个人的职业满意与认同感是职业发展研究中不可或缺的重要元素，亦是行业发展的重要动力，为经济发展奠定了重要基础。

关于就业起薪及影响因素的研究已经很多，但是，仍然有多问题不能得到圆满回答。例如，同一院校同一专业录取分数纵有差异，但差异并不是很大，所以智力禀赋的影响差异性不大。为什么学生的成绩却表现出很大差异？为什么有的学生更加努力，有的学生却努力不足？为什么同一院校同一专业毕业的学生却有着不同的职业成长路径？对于这些问题深层次原因的探析，有助于改进专业认知与选择体系，提升职业教育的质量水平。

尽管影响学生努力程度与职业发展的因素众多，但不可否认的是，心理因素的影响至关重要。从心理学的角度来看，职业满意度与职业认同感是自主学习和职业进取的动力。所以，对于职业心理效应的研究不容忽视。但是目前关于职业心理效应的研究只是集中在是否喜欢所学专业、职业期望与职业满意度等单变量的孤立研究，很少会涉及心理因素对于职业成长与发展的影响效应研究。本章拟在 JDCS 模型的基础上，构建会计人员的职业满意度框架，对会计人员的职业满意度进行实证分析。

第一节　理论分析及研究框架

一、理论分析

学者（Karasek）最早提出工作要求—控制模型（JDC 模型），认为工作要求与控制是工作压力形成的两类机制。之后有学者（Johnson）认为社会支持资源亦是影响压力的重要因素，于是将社会支持引入模型，构成工作要求—控制—支持模型（JDCS 模型）。无论是 JDC 模型，还是 JDCS 模型，最初都是为了分析压力形成机制，但后来研究者逐渐认识到压力与职业幸福的关联性，于是被用来分析职业幸福的影响因素（黄亮、徐辉，2014）。按照 JDC 模型，工作要求可以分为高要求与低要求，工作控制可以分为高控制与低控制，如表 5－1 所示。

表 5－1　　　　JDC 模型分析

	高要求	低要求
高控制	积极工作	低压力工作
低控制	高压力工作	消极工作

按照工作要求—控制模型（JDC 模型），工作要求是指关于工作任务的繁重与复杂程度的要求，工作控制是指个体控制工作任务和活动的能力。当工作要求与工作控制为“高要求—高控制”的组合时，个体的工作积极性被激发，处于积极工作状态。当工作要求与工作控制为“低要求—高控制”的组合时，个体由于对工作的掌控性较强，因而处于低压力工作状态。当工作要求与工作控制为“高要求—低控制”的组合时，个体对工作的掌控能力较弱，因而处于高压力工作状态。当工作要求与工作控制为“低要求—低控制”的组合时，个体的工作积极性难以发挥，处于消极工

作状态。整体看来，由于职业满意度与职业认同感更多是个体的心理感知效应，当个体掌控能力较强时，职业满意度可能会相对较高，即处于高控制状态的个体更易获得职业幸福感。对于上进心强的个体而言，高控制—高工作要求更易获得职业满足感，但对于保守型个体而言，高控制—低工作要求更易获得职业满足感，这与第三章所提的压力规避型过度教育有类似之处。相比而言，处于低控制状态的个体由于对工作掌控能力较弱，因而工作的获得感与成就感不足，工作整体满意度水平较低。

关于模型的研究，已经相对深入。例如，部分学者对 JDC 模型及发展历程进行了总结与回顾（吴亮等，2010；夏福斌、林忠，2013）。鉴于单纯的 JDC 模型在实证中结论不尽相同，所以在 JDC 模型中增加变量及适用情境要素为研究拓展了思路。有研究关注到自我效能，并且认为外向型员工与内向型员工面对相同的控制水平时，会有不同的反应。田庆辉（2008）则将文化环境纳入模型，并发现了不同文化环境下工作要求与控制的交互作用效应有所不同。郭靖等（2015）则发现了工作年限与上司支持对于模型影响的实证证据。

无论是 JDC 模型，还是 JDCS 模型，究其本质探讨的都是人与组织匹配的问题。模型中的工作要求是组织基于需求层面提出的工作任务复杂性、实现时间等要求，而控制则是个体从供给角度而言可以提供的工作努力与能力等。当工作要求与能力匹配时，可以协调实现组织效益与个体满意度两个目标。但从现有研究来看，仍然存在如下两方面局限。

第一，现有研究未能基于职业类别进行深入分析，从而未能充分考虑不同群体的职业特征差异及心理特征差异。职业特征与个体特征相互作用与契合，塑造了不同职业群体的职业特质，例如医生、教师、会计从业人员均具有不同的职业特性，这些职业特性亦会影响不同职业类别个体的心理特征。

第二，现有研究多是基于主观判断指标进行测度，但个体判断标准的差异性有可能引致实证研究偏差。从现有研究所有指标来看，不同职业之间关于工作要求的标准，例如工作负荷、工作任务复杂性的测度与主观标准可能有所不同。工作控制更多是基于问卷进行主观判断，职业特征不同，判断标准可能有所不同，进而导致实证研究结果的偏差。

基于现有研究局限，本章的贡献主要在于以下四方面：

第一，本章首次基于 JDCS 模型构建了职业期望满足度水平及母校推荐度水平模型，并以此为基础对各自的影响因素及作用路径进行了分析。

第二，本章研究框架在考虑工作要求、工作控制、支持资源影响效应的同时，亦考虑了薪酬等因素的中介作用路径。

第三，本章基于会计职业进行研究，有效规避了以往不同职业之间可能存在的特质性差异，合理保证了职业特征指标的可比性；

第四，本章在采用主观判断指标的同时，亦采用了学历、岗位、工作年限等可以客观取得的评价指标，增加了指标本身的客观性，合理保证了实证研究结果的可靠性。

二、研究框架

1. 职业满意度框架

在工作要求—控制—支持模型（JDCS 模型）基础上，本章构建职业满意度框架，如图 5－1 所示。基于前述模型分析，工作要求越高，个人会产生较高的工作焦虑感，因而会降低职业满意度水平，但是对于工作的控制会抑制个体的焦虑水平，从而提升职业满意度水平。所以，工作要求与工作控制及其交互作用效应会对职业满意度产生影响。资源支持会降低工作要求可能产生的焦虑感，并扩展了可以控制的资源，因而有助于提升工作控制能力，进而影响职业满意度水平。不同岗位的薪酬水平有所不同，因而工作要求等会通过影响薪酬水平，进而影响职业满意度。本章将职业期望满意水平作为职业满意度的表征变量。

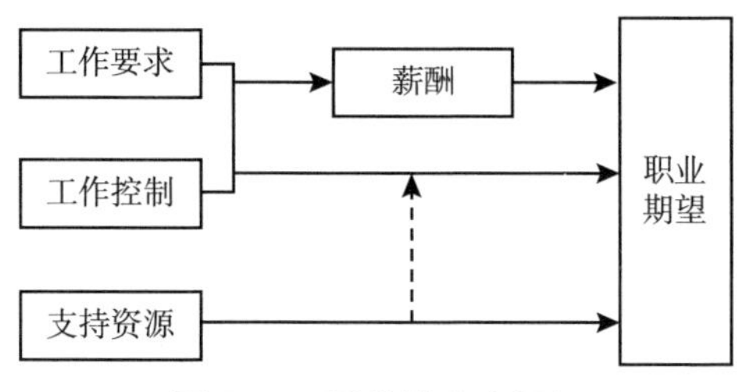

图 5－1　职业满意度框架

就会计职业而言，工作要求可以从职位层级、企业规模两个层面进行测度。在类似企业规模下，个体的职位层级越高，工作要求就越高。例如，企业对财务经理的工作要求通常会高于普通会计人员，对于财务总监的工作要求也会高于财务经理。对于同一职位，例如会计职位，企业规模越大，业务越复杂，工作要求就会越高。从工作要求—控制模型的角度而言，工作要求越高，由此导致的压力会有所增加。但是，由于企业规模越大、职位层级越高，薪酬水平越高，可以带来心理的代偿效应；所以企业规模越大，职位层级越高，也有可能由于薪酬的代偿效应，引致心理满意度水平的提高。同时，职位层级越高，亦有可能带来较高成就感，从而引致心理满意水平的提高。由于会计职位的晋升具有一定的渐进性，所以从事较高职位的人员对于岗位有一定的掌控度，因而成就感所带来的职业满意度可能会弥补工作要求所引致工作压力感。

由此，可以得到如下假设：

假设 5. 1：职位层级（企业规模）较高（大）时，满意度水平越高。

假设 5. 2：工作要求会通过影响薪酬水平，构成对满意度水平的间接作用路径。

工作控制是指个体对于工作的掌控程度，工作掌控程度越高，压力相对越小。工作控制实质上是一种心理效应。当个体感觉对工作控制程度较高时，会产生心理满足效应，促进满意度水平的提高。当工作控制程度高时，一方面，可能会由于工作完成度较好，因而会获得较高薪酬水平，进而对满意度水平产生影响；但是另一方面，工作控制度较高时，可能源于个体规避压力的可能性，因而反而有可能会降低薪酬水平，从而削弱工作的满意度水平。工作控制的测度通常基于个体的主观判断（例如知识应用度）予以测度。由此，可以得到如下假设：

假设 5. 3：工作控制度（知识应用度）较高时，满意度水平相对较高。

假设 5. 4：工作控制会通过影响薪酬水平，构成对满意度水平的间接作用路径。

工作要求与工作控制在各自对职业满意度产生影响时，还存在交互影响效应。当个体属于压力规避型时，工作要求越低，控制感越强，心理满足水平越高，当工作要求提高时，会增加压力感，进而弱化职业满足的心理效应。当个体属于进取型人格时，尽管控制感越强，心理满足水平越高，但是较低的工作要求反而不利于激发工作积极性，从而会导致心理满足效应的弱化。由于个体的效能特征很难量化，亦很难通过问卷问题进行测度，本章基于个人是否担任学生干部测定个体特征，假定有过担任学生干部经历的个体更具进取特征，而未担任学生干部的个体性格特征相对保守。由此，可以得到如下假设：

假设 5.5：有过学生干部经历的人员，由于具备进取型性格特征，因而知识应用度反而会抑制职业满意度水平。

如前所述，JDCS 模型是在 JDC 模型基础上引入社会支持维度扩展而成。支持维度是指个体工作时可以利用的资源，例如上级支持、校友资源等。无论个体处于表 5 – 1 所示矩阵的何种状态，理论上，社会支持资源越多，越能缓解工作压力，提升职业的心理舒适度水平。个体在工作时获得支持资源较多有助于增强自信，降低心理焦虑度水平，所以资源支持会提升满意度水平。

假设 5.6：单位培训时间等支持资源越多，满意度水平越高。

支持资源在直接影响工作满意度水平时，也会影响对于工作要求的心理感受水平及对工作的控制水平。当个体可获得的支持资源越多时，会抑制高要求工作所带来的心理紧张及焦虑感，并提升对于工作的控制水平，进而影响满意度水平。从而可以得出如下假设：

假设 5.7：支持资源会对工作要求与控制之于满意度水平的影响效应起到调节作用。

2. 母校推荐度框架

工作要求—控制—支持模型（JDCS 模型）主要针对的是工作框架。本章拟在此基础上，构建母校推荐度模型，如图 5 – 2 所示。对于学习的要求与控制会影响对母校的推荐度水平。

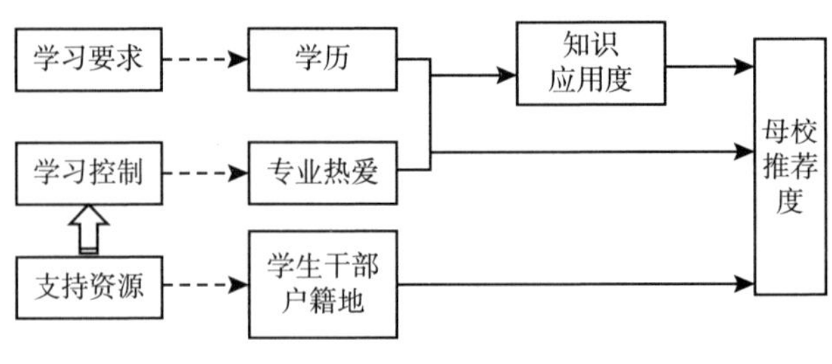

图5-2 母校推荐度框架

学历越高，通常意味着学校对学生的知识与能力要求越高，越喜欢专业，对于专业的控制程度越高。学历与专业热爱会直接影响到母校推荐度水平。一般而言，学历越高，学习的知识与能力水平越高，因而对母校推荐度水平越高。专业热爱度越高，由于热爱的迁移效应可以促进对母校满意度水平的提高。由此，可以得到如下假设：

假设5.8：学历越高，母校推荐度水平越高。

假设5.9：专业热爱度越高，母校推荐度水平越高。

知识应用度水平越高，个体会认为学校教育是有用的，进而提升对母校的推荐度水平。一般而言，学历越高，学到的知识越多，因而应用于工作的知识可能会越多，进而提升母校推荐度水平。专业热爱度越高，由于热爱的迁移效应，会提升工作积极性，影响到知识在工作中的应用水平，进而对母校推荐度水平产生影响。由此，可以得到如下假设：

假设5.10：学历会通过影响知识应用度，进而影响到母校推荐度水平。

假设5.11：专业热爱度会通过影响知识应用度，进而影响到母校推荐度水平。

当个体可获得的支持资源越多时，会抑制高要求学习所带来的心理紧张及焦虑感，并提升对于学习的控制水平，进而影响对母校的满意度水平。一般而言，有过学生干部经历的个体由于有更多组织与参与活动的机会等，进而会提升对于学校的认可度水平。户籍地在北京等城市的人员，由于会获得更多的支持资源，从而获得更多的工作机会等，但在主观判断时很难区分不同支持资源的作用效果，职业满意度水平的整体提高也会提升对学校的认可水平。由此，可以得到如下假设：

假设5.12：有过学生干部经历的人员，因为可能会获得更多的支持资源，可以提升对于母校的推荐度。

假设 5.13：学生户籍地在北京等城市的人员，有可能会获得更多的支持资源，可以提升对于母校的推荐度。

第二节 职业满意度模型的实证检验

一、职业满意度水平影响效应检验

如前文所述，以职业期望满足度水平指标测度职业满意度水平。为了对职业满意度水平的影响因素进行检验，建立模型（5.1）进行检验。基于图 5－1 所示框架，岗位用以测度工作要求水平的高低，知识应用度用以测度工作控制水平。各类指标及参数的具体测度方法参见本书第三章。

$$ZHYEQI = \beta_1 GEN + \beta_2 GAWE + \beta_3 REAI + \beta_4 ZSYY + \beta_5 EXSALA + \beta_6 GZCHAN + \beta_7 PEIXUN + \varepsilon \quad (5.1a)$$

从表 5－2 可以看出，职业期望满足水平与岗位级别成正比，且在 1% 的水平上显著，这意味着岗位层级越高，个体的职业期望的满足水平越高。知识应用度的系数显著为正，这意味着对于工作的控制会显著增加职业期望的满足水平。单位培训时间越长，意味着支持资源越多，从而能有效提高职业期望水平。专业热爱的系数显著为正，这意味着对于专业的热爱会显著增加职业期望的满足水平。工资期望亦对职业期望的满足水平有着显著正向影响。

表 5－2　　模型回归结果

变量名称	变量符号	模型（5.1a）	模型（5.1a）进取组	模型（5.1a）非进取组
性别	GEN	-0.11409 (1.56)	-0.17829* (-1.68)	-0.05889*** (-0.58)

续表

变量名称	变量符号	模型（5.1a）	模型（5.1a）进取组	模型（5.1a）非进取组
岗位	GAWE	0.086696*** (4.42)	0.119155*** (4.37)	0.053941*** (1.89)
专业热爱	REAI	0.251843*** (6.32)	0.215893*** (3.56)	0.269616*** (5.01)
知识应用度	ZSYY	0.168865*** (2.95)	0.106379 (1.2)	0.215475*** (2.86)
工资期望	EXSALA	0.345596*** (6.52)	0.35261*** (4.32)	0.34135*** (4.85)
工作更换	GZCHAN	-0.04035* (-1.71)	-0.10485** (-2.46)	-0.02573 (-0.54)
单位培训时间	PEIXUN	0.06867*** (3.00)	0.093802** (2.64)	0.056086*** (1.84)
Adj R-squared		0.1878	0.1963	0.1807
样本规模		712	322	390

注：括号内为t值。***、**、*分别表示在1%、5%和10%的水平上显著。

意外的是，工作更换次数越多，职业期望满足水平反而越低。这可能是因为更换工作不利于工作的发展，但也有可能是因为更换工作的个体对自己的期望与要求更高，因而更难以满足。为了更好地检验究竟是哪种原因，本章在模型（5.1a）的基础上，基于工作更换原因将样本分为追求更好的薪酬与工作机会组别（即进取组），和仅仅是为了方便照顾家庭等组别（即非进取组）进行回归，结果如表5-2所示。从表5-2可以看出，进取组工作更换与职业期望满足水平依旧呈现反向关系且在5%的水平上显著，这可能意味着进取组更倾向于追求更好的工作且不易满足，但是非进取组工作更换系数为负但不显著，这意味着相比而言，非进取组工作更换对于职业期望满足水平并无重要影响。同时，可以看到，进取组的知识应用度系数并不显著，而非进取组系数在1%的水平显著，这意味着对于非进取组而言，对工作的掌控程度越高，满足水平越高。但进取组并不满足于现有知识的应用。

在模型（5.1a）的基础上分别一般岗位与管理岗位进行检验，管理岗位是指会计主管及以上岗位类别，一般岗位是指普通职员级别，检验结果如表5－3所示。

$$ZHYEQI = \beta_1 GEN + \beta_2 REAI + \beta_3 ZSYY + \beta_4 EXSALA + \beta_5 GZCHAN + \beta_6 PEIXUN + \varepsilon \quad (5.1b)$$

表5－3　　模型回归结果

变量名称	变量符号	模型（5.1b）一般岗位	模型（5.1b）管理岗位
性别	GEN	−0.10389 （−1.15）	−0.09798 （−0.75）
专业热爱	REAI	0.251243*** （5.3）	0.310729*** （4.14）
知识应用度	ZSYY	0.30243*** （4.7）	−0.13897 （−1.15）
工资期望	EXSALA	0.352549*** （5.82）	0.309646*** （2.79）
工作更换	GZCHAN	−0.04485 （−1.57）	−0.0058 （−0.14）
单位培训时间	PEIXUN	0.095949*** （3.67）	0.010048 （0.21）
Adj R－squared		0.2021	0.1107
样本规模		527	185

注：括号内为t值。***、**、*分别表示在1%、5%和10%的水平上显著。

如表5－3所示，无论对于一般岗位还是管理岗位，专业热爱与工资期望的满足水平都是影响职业期望的重要因素。对于一般岗位而言，知识应用度是影响职业期望水平的重要因素，但是对于管理岗位却不再重要。这表明对于一般岗位的个体而言，岗位的控制度（知识应用度）更加重要。但是对于管理岗位而言，工作中更需要的是开放式的管理能力，因而知识应用度本身对其职业期望满足水平的影响不再重要。

二、基于CEM匹配—岗位对职业满意度水平的影响效应

本部分主要研究的问题是在匹配其他因素后，岗位是否会影响职业满意度水平。与之前章节类似，为了研究这一问题，可以将样本分为一般岗位组（对照组）和管理岗位（处理组）进行对照分析，测度并比较两组样本对职业满意度水平的不同。与之前类似，基于Coarsened Exact Matching进行匹配，创建一个与处理组在可观测的协变量上分布尽可能接近的对照组，以更加清晰地厘定岗位对职业满意度水平的影响。

本部分利用STATA15中的CEM命令进行倾向值匹配，分别一般岗位组（对照组）和管理岗位（处理组）组别进行匹配。CEM可以通过控制观测数据中混杂因素对政策结果影响使处理组与控制组的协变量的分布尽可能保持平衡，从而增强两组数据之间的可比性。本部分将性别、工作年限、工作单位性质、单位财务人员人数、工作所在地和知识应用度作为协变量，进行匹配。如第三章所述，CEM匹配中通过变量L1测度组别之间数据的平衡性，L1取值范围在0和1之间，越接近0，表明两组数据平衡程度越大；越接近1，则表明两组数据不平衡程度越大。

在基于一般岗位组（对照组）和管理岗位组（处理组）的组别分类时，利用imb函数测算出的匹配前的L1值为0.81457872，进一步利用CEM匹配后得出的L1值为3.946e－16，表明匹配程度极好。具体匹配样本结果如表5－4所示。

表 5 – 4　　CEM 样本匹配结果（一般岗位和管理岗位）

样本	一般岗位	管理岗位
全部样本	648	185
匹配样本	274	105
未匹配样本	374	80

进一步对模型（5.2）进行回归分析，回归结果如表 5 – 5 所示。

$$ZHYEQI = \beta_1 GEN + \beta_2 REAI + \beta_3 EXSALA + \beta_4 GZCHAN + \beta_5 PEIXUN + \beta_6 TREAT + \varepsilon \tag{5.2}$$

表 5 – 5　　模型回归结果

变量名称	变量符号	模型（5.2）
专业热爱	REAI	0.243216*** （4.64）
工资期望	EXSALA	0.446266*** （5.64）
工作更换	GZCHAN	−0.10457 （−1.07）
单位培训时间	PEIXUN	0.054318 （1.53）
岗位分组	TREAT	0.285969*** （2.71）
Adj R – squared		0.1606
样本规模		365

注：括号内为 t 值。***、**、* 分别表示在 1%、5% 和 10% 的水平上显著。样本数量与表 5 – 3 匹配样本数量不一致，是单位培训时间样本缺失所致。

在表5－5中可以看出，在控制了性别、工作年限、工作单位性质、单位财务人员人数、工作所在地和知识应用度等因素后，不同的岗位分组仍然对职业满意度水平有着重要影响，且管理岗位的人员（会计主管及以上岗位）有着更高的职业满意度水平，这表明岗位层级的提高、岗位复杂性的增加有助于增加和提升职业满意度水平。这与以往研究中认为工作要求越高，个体焦虑水平越高的论断是不一致的。这有可能是因为会计岗位的职位晋升具有循序渐进性，因而现在工作职位的复杂性由于有前期工作经验的铺垫，不会引发焦虑，反而有可能因为职位的晋升而激发更高的职业期望满足度水平。

三、基于CEM匹配——工作控制对职业满意度水平的影响效应

1. 知识应用度对职业满意度水平的影响效应

在匹配其他因素后，知识应用度是否会影响职业满意度水平。为了研究这一问题，可以将样本分为知识应用度低水平组（对照组）和知识应用度高水平组（处理组）进行对照分析，测度并比较两组样本对职业满意度水平的不同。与之前类似，基于Coarsened Exact Matching进行匹配，创建一个与处理组在可观测的协变量上分布尽可能接近的对照组，以更加清晰地厘定岗位对职业满意度水平的影响。

本部分将性别、工作年限、工作单位性质、单位财务人员人数、工作所在地和岗位作为协变量，进行匹配。

在基于知识应用度低水平组（对照组）和知识应用度高水平组（处理组）组别分类时，利用imb函数测算出的匹配前的L1值为0.74125579，进一步利用CEM匹配后得出的L1值为4.016e－16，表明匹配程度极好。具体匹配样本结果如表5－6所示。

表 5 -6　　CEM 样本匹配结果（知识应用度低水平组和知识应用度高水平组）

	知识应用度低水平组	知识应用度高水平组
全部样本	679	154
匹配样本	195	94
未匹配样本	484	60

进一步对模型（5.3）进行回归分析，回归结果如表 5 -7 所示。

$$ZHYEQI = \beta_1 GEN + \beta_2 REAI + \beta_3 EXSALA + \beta_4 GZCHAN + \beta_5 PEIXUN + \beta_6 TREAT + \varepsilon \quad (5.3)$$

表 5 -7　　模型回归结果

变量名称	变量符号	模型（5.3）
专业热爱	REAI	0.384475 *** (5.63)
工资期望	EXSALA	0.522225 *** (5.54)
工作更换	GZCHAN	-0.08022 (-0.77)
单位培训时间	PEIXUN	0.033575 (0.76)
知识应用度水平分组	TREAT	0.267969 *** (2.39)
Adj R - squared		0.2718
样本规模		225

注：括号内为 t 值。*** 、** 、* 分别表示在 1% 、5% 和 10% 的水平上显著。样本数量与表 5 -3 匹配样本数量不一致，是单位培训时间样本缺失所致。

在表 5－7 中可以看出，在控制了性别、工作年限、工作单位性质、单位财务人员人数、工作所在地和岗位等因素后，不同的知识应用度分组仍然对职业满意度水平有着重要影响，且知识应用度较高的组别有着更高的职业满意度水平，这表明对工作掌控程度越高，职业满意度水平就越高。尽管前文已表明对于管理岗位而言，知识应用度水平不能显著提高职业期望满足水平。但是在匹配检验时，由于已将岗位作为协变量纳入匹配模型，所以可以认为对于同一层级岗位而言，知识应用度水平确实是影响职业期望满足水平的重要因素。

2. 工作经验对职业满意度水平的影响效应

除了知识应用度水平可以体现对工作的控制外，以往的工作经验也是影响工作控制的重要因素。在调查问卷中，将公司上市（IPO）前财务流程及账务梳理、公司财务机构改革（如共享财务中心建立）、完成合并报表编制、公司信息管理系统设计或改造等工作界定为复杂性工作，有过复杂性工作经验的人员工作经历更加丰富，因而对现有工作掌控能力会相对较强，进而可以提升职业满意度水平。

在基于未参与复杂工作组（对照组）和参与复杂工作组（处理组）组别分类时，将性别、工作年限、工作单位性质、单位财务人员人数、工作所在地和岗位作为协变量，进行匹配。利用 imb 函数测算出的匹配前的 L1 值为 0.69641167，进一步利用 CEM 匹配后得出的 L1 值为 2.524e－16，表明匹配程度极好。具体匹配样本结果如表 5－8 所示。

表 5－8　CEM 样本匹配结果（未参与复杂工作组和参与复杂工作组）

	未参与复杂工作组	参与复杂工作组
全部样本	309	524
匹配样本	186	211
未匹配样本	123	313

进一步对模型（5.4）进行回归分析，回归结果如表 5－9 所示。

$$ZHYEQI = \beta_1 GEN + \beta_2 REAI + \beta_3 EXSALA + \beta_4 GZCHAN + \beta_5 PEIXUN + \beta_6 ZSYY + \beta_7 TREAT + \varepsilon \quad (5.4)$$

表 5 - 9　　模型回归结果

变量名称	变量符号	模型（5.4）
专业热爱	REAI	0.212382*** (4.31)
工资期望	EXSALA	0.371545*** (5.9)
工作更换	GZCHAN	-0.05075 (-1.56)
单位培训时间	PEIXUN	0.06215** (2.29)
知识应用度	ZSYY	0.32033*** (4.65)
工作复杂分组	TREAT	0.133447* (1.73)
Adj R - squared		0.2483
样本规模		335

注：括号内为 t 值。***、**、* 分别表示在 1%、5% 和 10% 的水平上显著。样本数量与表 5 - 3 匹配样本数量不一致，是单位培训时间样本缺失所致。

从表 5 - 9 中可以看出，在控制了性别、工作年限、工作单位性质、单位财务人员人数、工作所在地和岗位等因素后，基于工作复杂的分组仍然对职业满意度水平有着重要影响，且有过复杂工作经历的组别有着更高的职业满意度水平，这表明有过复杂工作经验的个体，对于工作掌控程度越高，职业满意度水平越高。

四、岗位与知识应用度的交互影响效应检验

在模型（5.1）的基础上，为了对岗位与知识应用度的交互影响效应进行检验，建立模型（5.6），分别对总样本组、学生干部组与非学生干部组进行检验。由于会计类岗位晋升具有一定的循序渐进性，所以对于同一岗位而言，知识应用度较高的个体可能会存在不能满足职业期望的心理效应，对于具备进取心的个体尤为如此。

前面模型中基于变换工作原因分为进取组与非进取组。但由于变换工作原因是主观判断，而是否担任学生干部是客观事实，能更好反映个体的心理特征。曾经担任学生干部的人，可能更加具备追求上进的心理特征。所以，可以分别对学生干部与非学生干部组进行实证检验。

$$ZHYEQI = \beta_1 GEN + \beta_2 GAWE + \beta_3 REAI + \beta_4 ZSYY + \beta_5 EXSALA + \beta_6 GZCHAN + \beta_7 PEIXUN + \beta_8 GAWE \times ZSYY + \varepsilon \quad (5.5)$$

如表 5 - 10 所示，在全样本回归中，“岗位 × 知识应用度”交互项系数为负，且在 1% 的水平上显著，这表明在同一岗位，知识应用度较高的个体反而职业期望满足水平越低，也就是说岗位（工作要求）抑制了知识应用度水平（工作控制）的职业期望满足水平。对学生干部组进行回归时，“岗位 × 知识应用度”交互项系数依旧显著为负，但非学生干部组的回归系数不再显著。这表明有过学生干部经历的人员更加不满足于现有岗位下对知识的应用程度，对职业期望有更高的心理需求水平。

表 5 - 10　　模型回归结果

变量名称	变量符号	模型（5.5）		
		全样本	学生干部	非学生干部
性别	GEN	-0.10158 (-1.39)	-0.05884*** (-0.55)	-0.16405 (-1.6)
岗位	GAWE	0.29566*** (4.49)	0.403733*** (4.17)	0.161404* (1.75)

续表

变量名称	变量符号	模型（5.5）		
		全样本	学生干部	非学生干部
专业热爱	REAI	0.264033 *** (6.64)	0.303598 *** (5)	0.2143 *** (4)
知识应用度	ZSYY	0.417 *** (4.45)	0.573772 *** (4.12)	0.249479 * (1.95)
工资期望	EXSALA	0.349404 *** (6.63)	0.425881 *** (5.22)	0.286679 *** (4.1)
工作更换	GZCHAN	-0.0382 (-1.63)	-0.01788 *** (-0.49)	-0.05978 * (-1.95)
单位培训时间	PEIXUN	0.07639 *** (3.34)	0.080171 *** (2.37)	0.066424 * (2.14)
岗位×知识应用度	GAWE×ZSYY	-0.10532 *** (-3.32)	-0.16756 *** (-3.48)	-0.03576 (-0.83)
Adj R-squared		0.1992	0.2221	0.1687
样本规模		712	337	375

注：括号内为t值。***、**、*分别表示在1%、5%和10%的水平上显著。

五、薪酬的中介影响效应

前文已述及，薪酬可能是工作要求与工作控制作用于职业满意水平的间接作用路径。在模型（5.1a）的基础上，为了对薪酬的中介效应进行检验，建立模型（5.6a）和模型（5.6b）进行检验。模型（5.6a）用以检验收入与岗位（工作要求）、知识应用度水平（工作控制）的影响效应，在模型（5.6b）中将与岗位（工作要求）、知识应用度水平（工作控制）均纳入职业期望度模型予以检验（见表5-11）。

$$SALAR = \beta_1 GEN + \beta_2 GAWE + \beta_3 ZSYY + \beta_4 LEIBI + \beta_5 XUELI + \beta_6 CHAR + \beta_7 NCAIWU + \beta_8 WORYEA + \beta_9 WORKP + \beta_{10} XUASHU + \beta_{11} GZCHAN + \beta_{12} COMPLEX + \beta_{13} SIZE + \varepsilon \quad (5.6a)$$

$$ZHYEQI = \beta_1 GEN + \beta_2 GAWE + \beta_3 REAI + \beta_4 ZSYY + \beta_5 EXSALA + \beta_6 GZCHAN + \beta_7 PEIXUN + \beta_8 SALAR + \varepsilon \quad (5.6b)$$

表 5-11　　　　模型回归结果

变量名称	变量符号	模型（5.6a）	模型（5.6b）
性别	GEN	0.249551 *** (3.44)	-0.12613 * (-1.72)
岗位	GAWE	0.147535 *** (6.21)	0.069411 *** (3.13)
专业热爱	REAI		0.255176 *** (6.4)
知识应用度	ZSYY	-0.1198247 ** (-2.2)	0.17098 *** (2.99)
工资期望	EXSALA		0.322985 *** (5.91)
工作更换	GZCHAN		-0.03912 * (-1.66)
单位培训时间	PEIXUN		0.06382 *** (-2.77)
学校类别	LEIBI	0.211967 *** (3.95)	
学历	XUELI	0.097128 ** (2.24)	
工作单位性质	CHAR	-0.22002 *** (-3.3)	

续表

变量名称	变量符号	模型（5.6a）	模型（5.6b）
单位财务人员人数	NCAIWU	0.043681 ** (2.4)	
工作年限	WORYEA	0.157961 *** (8.02)	
工作所在地	WORKP	0.230536 *** (5.7)	
下属人员	XUASHU	0.067908 ** (2.15)	
工作更换	GZCHAN	-0.03893 (-1.54)	
工作复杂	COMPLEX	0.057825 (0.88)	
资产规模	SIZE	0.046798 *** (3.89)	
月平均收入	SALAR		0.056813 * (1.66)
Adj R-squared		0.4478	0.1898
样本规模		712	712

注：括号内为t值。***、**、* 分别表示在1%、5%和10%的水平上显著。

在模型（5.1）中已检验了岗位（工作要求）、知识应用度水平（工作控制）对于职业期望满意水平的正向影响效应，在模型（5.6a）中发现，岗位层级越高，收入水平越高，工作要求与收入呈现正向关系。但是，知识应用度水平却与收入呈现显著负相关关系，表明知识应用度反而抑制了收入的增长。在模型（5.6b）中，岗位、知识应用度水平与收入对于职业期望均呈现正向效应，且系数均显著，这表明存在岗位影响薪酬，薪酬影响职业期望水平的正向间接作用路径，薪酬在岗位与收入之间存在正向的中介作用效应，即岗位层级越高，收入越高，进而职业期望满足水平越高。但是，由于知识应用度水平与收入呈现负向关系，表明存在知识应用度水平越高，收入越低，进而抑制职业期望满足水平的消极作用路径。

同时，在模型（5.6a）中，性别、学校类别、学历、单位财务人员人数、工作年限、工作所在地、资产规模均与薪酬呈现正向关系。这与以往的研究保持一致。同时，也发现工作更换次数本身并不能带来收入的增长。

六、支持资源的调节效应

如图5－1研究框架所示，支持资源亦是影响职业满意度水平的重要因素。职业培训时间和工作更换都有可能拓展工作的支持资源。

1. 支持资源对工作要求的调节效应

职业培训是单位可以给予职工的重要资源。单位培训时间越长，对于缓解工作要求带来的压力，提升工作控制能力的帮助也会越大。首先，将岗位（工作要求）与单位培训时间的交互项纳入模型进行实证检验（见表5－12）。

$$ZHYEQI = \beta_1 GEN + \beta_2 GAWE + \beta_3 REAI + \beta_4 ZSYY + \beta_5 EXSALA + \beta_6 GZCHAN + \beta_7 PEIXUN + \beta_8 GAWE \times PEIXUN + \varepsilon \quad (5.7)$$

表5－12　模型回归结果

变量名称	变量符号	模型（5.7）
性别	GEN	－0.11799 （－1.61）
岗位	GAWE	0.137465 *** （3.76）

续表

变量名称	变量符号	模型（5.7）
专业热爱	REAI	0.256496*** (6.43)
知识应用度	ZSYY	0.175284*** (3.06)
工资期望	EXSALA	0.343074*** (6.47)
工作更换	GZCHAN	-0.039* (-1.65)
单位培训时间	PEIXUN	0.119631*** (3.1)
交互项	GAWE × PEIXUN	-0.02169 (-1.64)
Adj R - squared		0.1897
样本规模		712

岗位与单位培训时间均是影响职业满意度水平的重要因素，无论是之前的模型还是模型（5.7），都证实了岗位、单位培训时间与职业期望水平之间的重要正向影响效应。但是，在将岗位与单位培训时间的交互项纳入模型时，意外发现了交互项与职业期望水平之间的负向关系。这有可能是因为岗位层级越高，获得较多单位培训资源的可能性越大，因而有可能存在随岗位层级升高，职业培训资源心理满足感递减的趋势。

当个体更换工作次数较多时，理论上无论是人脉支持资源还是工作经验资源都有可能有所提升。前文已经区分了一般岗位与管理岗位进行分组检验。进一步可以检验对于同一岗位更换工作次数可能产生的调节效应（回归结果见表5-13）。

$$ZHYEQI = \beta_1 GEN + \beta_2 GAWE + \beta_3 REAI + \beta_4 ZSYY + \beta_5 EXSALA + \beta_6 GZCHAN + \beta_7 PEIXUN + \beta_8 GAWE \times GZCHAN + \varepsilon \quad (5.8)$$

表 5-13　模型回归结果

变量名称	变量符号	模型（5.8）
性别	GEN	-0.1144 (-1.56)
岗位	GAWE	0.076979*** (2.79)
专业热爱	REAI	0.251936*** (6.32)
知识应用度	ZSYY	0.169254*** (2.96)
工资期望	EXSALA	0.344563*** (6.49)
工作更换	GZCHAN	-0.05785 (-1.37)
单位培训时间	PEIXUN	0.068041*** (2.96)
交互项	GAWE × GZCHAN	0.006315 (0.5)
Adj R-squared		0.1869
样本规模		712

在前面模型中，工作更换次数与职业期望满足水平显著负相关，但是在模型（5.8）中加入岗位与工作更换次数交换项后，工作更换次数的系数不再显著，交互项系数为正。这表明对于同一岗位而言，更换次数越

多，反而有助于提升职业满足期望水平，从而工作更换可能起到一定的扩展支持资源，提升职业满意水平的作用。

2. 支持资源对工作控制的调节效应

当在模型中加入单位培训时间与知识应用度的交互项后，交互项系数并不显著，且单位培训时间与知识应用度的系数也变得不再显著，实证意义不大，具体结果不再报告。

当更换工作次数较多时，可能不利于知识应用度水平的提高，为了进一步检验工作知识应用度与工作更换次数的关系，通过模型（5.9）予以检验（回归结果见表5－14）。

$$ZHYEQI = \beta_1 GEN + \beta_2 GAWE + \beta_3 REAI + \beta_4 ZSYY + \beta_5 EXSALA + \beta_6 GZCHAN + \beta_7 PEIXUN + \beta_8 ZSYY \times GZCHAN + \varepsilon \quad (5.9)$$

表5－14　　　　模型回归结果

变量名称	变量符号	模型（5.9）
性别	GEN	－0.11423 （－1.56）
岗位	GAWE	0.086781 *** （4.42）
专业热爱	REAI	0.252959 *** （6.34）
知识应用度	ZSYY	0.198008 *** （2.66）
工资期望	EXSALA	0.343993 *** （6.48）

续表

变量名称	变量符号	模型（5.9）
工作更换	GZCHAN	0.010282 （0.12）
单位培训时间	PEIXUN	0.068249 *** （2.98）
交互项	ZSYY × GZCHAN	-0.02498 （-0.61）
Adj R - squared		0.1871
样本规模		712

从表5-14可以看出，当在模型中加入工作知识应用度与工作更换次数的交互项后，发现交互项系数为负，表明频繁的变换工作，有可能降低知识应用度水平，并进而降低职业期望满足水平。当然，由于系数较小，且并不显著，所以影响作用有限。

第三节　母校推荐度模型的实证检验

一、母校推荐度水平影响效应检验

职业满意度水平与母校推荐度水平从不同方面测度了个体的满意水平。分析影响学生对于母校满意度水平的重要因素，对于提升教育水平有着重要意义。由于调查问卷取得的是截面数据，关于职业期望满足度的主观判断与母校推荐度的主观判断有一定关联性，工作的相关数据特征也会在一定程度上影响母校推荐度水平。

$$EDUTJ = \beta_1 LEIBI + \beta_2 GEN + \beta_3 XUELI + \beta_4 REAI + \beta_5 GANBU + \beta_6 CHENJI + \beta_7 HUJIP + \beta_8 WORYEA + \beta_9 RSTIM + \varepsilon \quad (5.10)$$

从表5－15中可以看出，学历的系数显著为负，表明学历越高，对母校推荐度水平越低，这与假设5.8不符，这可能表明大专等职业院校更加注重与学生的沟通，联系更加密切，因而学生满意度水平更高。专业热爱度系数为正且显著，这表明越喜欢专业，基于专业热爱的迁移效应，对于母校的推荐度水平也越高。学生干部的系数显著为正，表明有过学生干部经历的人员，对于母校的推荐度水平越高。户籍所在地的系数显著为正，与之前假设一致，表明学生户籍地在北京等城市的人员，有可能会获得更多的支持资源，可以提升对于母校的推荐度。

表5－15　　模型回归结果

		模型（5.10）		
变量名称	变量符号	全样本	大专及以下学历	本科及以上学历
学校类别	LEIBI	0.010331 (0.16)	0.016566 (0.07)	0.109055 (1.28)
性别	GEN	−0.11221 (−1.53)	−0.08686 (−0.95)	−0.17297 (−1.36)
学历	XUELI	−0.10913** (−2.41)	0.029054 (0.33)	−0.11187 (−1.07)
专业热爱	REAI	0.268238*** (6.93)	0.262125*** (5.46)	0.257422*** (3.87)
学生干部	GANBU	0.093166*** (2.68)	0.154541*** (3.26)	0.026376 (0.5)
学习成绩	CHENJI	0.054415 (1.63)	0.029515 (0.68)	0.088438 (1.62)

续表

		模型（5.10）		
变量名称	变量符号	全样本	大专及以下学历	本科及以上学历
户籍所在地	HUJIP	0.046644 ** (2.43)	0.030284 (1.24)	0.059801 * (1.78)
工作年限	WORYEA	0.068995 *** (3.98)	0.046427 (1.45)	0.076119 *** (2.99)
胜任工作时间	RSTIM	-0.00321 (-0.16)	0.001517 (0.06)	-0.00509 (-0.18)
Adj R-squared		0.1038	0.0984	0.0864
样本规模		783	477	306

注：括号内报告t值。***、**、*分别表示在1%、5%和10%的水平上显著。样本规模与之前不一致，源于北京市其他高职类院校未对单位培训时间指标进行调研所引致的差异。

意外的是，在实证模型中发现了工作年限与推荐度水平的正向关系，这表明学校教育对于个体可能具有长期影响，工作年限较长的人员对于母校推荐度水平越高。但是如表5-15所示，进一步区分大专及以下学历组别与本科及以上学历组别，发现对于本科及以上学历组别而言，工作年限系数依旧显著，但大专及以下学历组别系数不再显著，这可能表明本科及以上学历给予学生的教育更具前瞻性，对于个体的未来工作帮助更具持续性。这也进一步提示学校专业教育不应具有短视性，而应更具前瞻性视野。

二、基于CEM匹配——学历对母校推荐度水平的影响效应

如前所述，学历与母校推荐度水平呈现负向关系，为了进一步研究在匹配其他因素后，学历是否会影响母校推荐度水平，可以将样本分为低学历水平组（大专及以下学历）和高学历水平组（本科及以上学历）进行对照分析，测度并比较两组样本对母校推荐度水平影响效应的不同。与之前

类似，进行 CEM 匹配。

本部分将学校类别、性别、学生干部、学习成绩作为协变量，进行匹配。在基于低学历水平组（对照组）和高学历水平组（处理组）组别分类时，利用 imb 函数测算出的匹配前的 L1 值为 0.84386345，进一步利用 CEM 匹配后得出的 L1 值为 1.422e－16，表明匹配程度极好。具体匹配样本结果如表 5－16 所示。

表 5－16　　CEM 样本匹配结果（低学历水平组和高学历水平组）

	低学历水平组	高学历水平组
全部样本	534	308
匹配样本	345	109
未匹配样本	189	199

进一步对模型（5.11）进行回归分析，回归结果如表 5－17 所示。

$$EDUTJ = \beta_1 REAI + \beta_2 HUJIP + \beta_3 WORYEA + \beta_4 RSTIM + \beta_5 ZSYY + \beta_6 TREAT + \varepsilon \quad (5.11)$$

表 5－17　　模型回归结果

变量名称	变量符号	模型（5.11）
专业热爱	REAI	0.147866*** (3.17)
户籍所在地	HUJIP	0.016655 (0.64)
工作年限	WORYEA	0.038467** (2.26)
胜任工作时间	RSTIM	−0.03342 (−1.42)

续表

变量名称	变量符号	模型（5.11）
知识应用度	ZSYY	0.371439*** (5.27)
学历分组	TREAT	-0.29859*** (-3.22)
Adj R-squared		0.2416
样本规模		445

注：括号内为t值。***、**、*分别表示在1%、5%和10%的水平上显著。样本数量与表5-16匹配样本数量不一致，是样本缺失所致。

在表5-17中可以看出，在控制了学校类别、性别、学生干部、学习成绩等因素后，不同的学历分组仍然对推荐度水平有着重要负面影响，这表明学历越高，母校推荐度水平越低，专科及以下学历组别与本科及以上学历组别存在显著差异。

为了进一步研究本科学历与本科以上学历之间是否存在推荐度水平的差异，基于CEM将本科学历与本科以上学历进行匹配。匹配后的模型回归结果如表5-18所示。

表5-18　　模型回归结果（本科学历和本科以上学历）

变量名称	变量符号	模型（5.11）
专业热爱	REAI	0.249576*** (3.12)
户籍所在地	HUJIP	0.065817* (1.77)
工作年限	WORYEA	0.02787 (0.93)

续表

变量名称	变量符号	模型（5.11）
胜任工作时间	RSTIM	0.061901* （1.83）
知识应用度	ZSYY	0.291548*** （2.75）
学历分组	TREAT	-0.09894 （-0.83）
Adj R - squared		0.0982
样本规模		221

从表5-18中可以看出，学历分组系数不再显著，表明本科学历组别与本科以上学历组别对于母校推荐度水平的差异度有所减弱，并不存在显著差异。

三、基于CEM匹配——专业热爱对母校推荐度水平的影响效应

如前所述，专业热爱与母校推荐度水平呈现正向关系，为了进一步研究在匹配其他因素后，专业热爱是否会影响母校推荐度水平，可以将样本分为专业热爱组（非常喜欢和比较喜欢）和一般组进行对照分析，测度并比较两组样本对母校推荐度水平影响效应的不同。与之前类似，基于CEM进行匹配。

本部分将学校类别、性别、学生干部、学习成绩作为协变量进行匹配。在基于专业热爱组和一般组组别分类时，利用imb函数测算出的匹配前的L1值为0.27001551，进一步利用CEM匹配后得出的L1值为7.941e-16，表明匹配程度较好。具体匹配样本结果如表5-19所示。

表 5-19　　CEM 样本匹配结果（专业热爱组和一般组）

样本	一般组	专业热爱组
全部样本	434	408
匹配样本	396	359
未匹配样本	38	49

进一步对模型（5.12）进行回归分析，回归结果如表 5-20 所示。

$$EDUTJ = \beta_1 REAI + \beta_2 HUJIP + \beta_3 WORYEA + \beta_4 RSTIM + \beta_5 ZSYY + \beta_6 TREAT + \varepsilon \quad (5.12)$$

表 5-20　　模型回归结果

变量名称	变量符号	模型（5.12）
学历	XUELI	-0.09331*** (-3.07)
户籍所在地	HUJIP	0.029414 (1.55)
工作年限	WORYEA	0.087836*** (4.62)
胜任工作时间	RSTIM	-0.00645 (-0.31)
知识应用度	ZSYY	0.126184*** (2.08)
专业热爱分组	TREAT	0.265113*** (4)
Adj R-squared		0.0686
样本规模		721

注：括号内为 t 值。***、**、* 分别表示在 1%、5% 和 10% 的水平上显著。样本数量与表 5-18 匹配样本数量不一致，是样本缺失所致。

在表5－20中可以看出，在控制了学校类别、性别、学生干部、学习成绩等因素后，不同的专业热爱度水平分组仍然对推荐度水平有着重要影响，这表明专业热爱度水平越高，母校推荐度水平越高。

四、知识应用度的中介效应检验

基于图5－2所示研究框架，学习要求与对于学习的控制在直接影响母校推荐度水平的前提下，也存在通过支持资源间接影响推荐度水平的作用路径。学校对于个体学习要求越高，对学习的控制能力越强，个体学习到的知识就会越多，在工作中的知识应用就会越好，从而提升对于母校的推荐度水平。

$$ZSYY = \beta_1 XUELI + \beta_2 REAI + \varepsilon \tag{5.13}$$

模型（5.13）用以实证检验知识应用度与学历、专业热爱之间的关系。实证检验结果如表5－21所示。知识应用度与学历、专业热爱呈现正向显著关系，表明学历越高，越喜欢专业，知识应用度水平就越高。

$$\begin{aligned} EDUTJ = {} & \beta_1 LEIBI + \beta_2 GEN + \beta_3 XUELI + \beta_4 REAI + \beta_5 GANBU \\ & + \beta_6 CHENJI + \beta_7 HUJIP + \beta_8 WORYEA \\ & + \beta_9 RSTIM + \beta_{10} ZSYY + \varepsilon \end{aligned} \tag{5.14}$$

表5－21　模型回归结果

变量名称	变量符号	模型（5.13）	模型（5.14）
学校类别	LEIBI		－0.01846 （－0.28）
性别	GEN		－0.09471 （－1.28）
学历	XUELI	0.035095*** （2.02）	－0.10362** （－2.29）

续表

变量名称	变量符号	模型（5.13）	模型（5.14）
专业热爱	REAI	0.2157694*** (9.14)	0.246821*** (6.12)
学生干部	GANBU		0.095251*** (2.74)
学习成绩	CHENJI		0.048745 (1.47)
户籍所在地	HUJIP		0.044805** (2.54)
工作年限	WORYEA		0.068087*** (3.93)
胜任工作时间	RSTIM		-0.00278 (-0.14)
知识应用度	ZSYY		0.112101* (1.93)
Adj R-squared		0.0983	0.1065
样本规模		783	783

在将知识应用度与学历、专业热爱共同纳入推荐度模型后，发现学历系数显著为负，知识应用度与专业热爱的系数显著为正，结合模型（5.14）发现，知识应用度降低了学历对于推荐度水平的消极影响效应，增强了专业热爱对于推荐度水平的积极影响效应。

五、支持资源的调节效应

户籍所在地与工作年限是个体学习与就业的支持性资源。当个体户籍地为城市时，其所获得的支持资源可能会多于乡村，北京等一线城市所能给予的支持性资源会多于其他城市。对同一类个体而言，工作年限越长，意味着可以获得的工作支持资源也会越来越多。

1. 支持资源对于学历要求的调节效应

加入学历与工作年限、户籍所在地的交互项，分别如模型（5.15）和模型（5.16）所示，并予以实证检验。

$$EDUTJ = \beta_1 LEIBI + \beta_2 GEN + \beta_3 XUELI + \beta_4 REAI + \beta_5 GANBU + \beta_6 CHENJI + \beta_7 HUJIP + \beta_8 WORYEA + \beta_9 RSTIM + \beta_{10} XUELI \times WORYEA + \varepsilon \tag{5.15}$$

$$EDUTJ = \beta_1 LEIBI + \beta_2 GEN + \beta_3 XUELI + \beta_4 REAI + \beta_5 GANBU + \beta_6 CHENJI + \beta_7 HUJIP + \beta_8 WORYEA + \beta_9 RSTIM + \beta_{10} XUELI \times HUJIP + \varepsilon \tag{5.16}$$

从表5－22中可以看出，在加入学历与工作年限交互项后，学历的系数虽然为负，但并不显著，尽管交互项的系数为负，但学历与交互项系数之和仍然显著减少，表明工作年限的增长有助于抑制学历对于母校推荐度水平的消极效应。在加入学历与户籍所在地交互项后，学历与交互项系数之和并未减少，表明户籍所在地尽管对于学历的消极效应有一定影响，但并不显著，即意味着户籍所在地的资源支持并不能有效抑制学历对于母校推荐度的消极影响效应。

表5－22　模型回归结果

变量名称	变量符号	模型（5.15）	模型（5.16）
学校类别	LEIBI	0.008619 （0.13）	0.008192 （0.12）
性别	GEN	－0.1097 （－1.49）	－0.11011 （－1.5）

续表

变量名称	变量符号	模型（5.15）	模型（5.16）
学历	XUELI	-0.05549 (-0.86)	-0.13614* (-1.86)
专业热爱	REAI	0.269429*** (6.96)	0.268252*** (6.93)
学生干部	GANBU	0.089749** (2.58)	0.093493*** (2.69)
学习成绩	CHENJI	0.053973 (1.62)	0.052777 (1.57)
户籍所在地	HUJIP	0.044189** (2.29)	0.022027 (0.39)
工作年限	WORYEA	0.127885** (2.39)	0.069509*** (4)
胜任工作时间	RSTIM	-0.00449 (-0.23)	-0.00286 (-0.15)
学历与工作年限交互项	XUELI × WORYEA	-0.01692 (-1.16)	
学历与户籍所在地交互项	XUELI × HUJIP		0.007898 (0.47)
Adj R-squared		0.1042	0.1029
样本规模		783	783

注：括号内报告t值。***、**、*分别表示在1%、5%和10%的水平上显著。

2. 支持资源对于学习控制的调节效应

加入专业热爱与工作年限、户籍所在地的交互项，分别如模型（5.17）和模型（5.18）所示，并予以实证检验（回归结果见表5-23）。

$$EDUTJ = \beta_1 LEIBI + \beta_2 GEN + \beta_3 XUELI + \beta_4 REAI + \beta_5 GANBU + \beta_6 CHENJI + \beta_7 HUJIP + \beta_8 WORYEA + \beta_9 RSTIM + \beta_{10} REAI \times WORYEA + \varepsilon \tag{5.17}$$

$$EDUTJ = \beta_1 LEIBI + \beta_2 GEN + \beta_3 XUELI + \beta_4 REAI + \beta_5 GANBU + \beta_6 CHENJI + \beta_7 HUJIP + \beta_8 WORYEA + \beta_9 RSTIM + \beta_{10} REAI \times HUJIP + \varepsilon \tag{5.18}$$

表 5－23　　　　　　　　　　模型回归结果

变量名称	变量符号	模型（5.17）	模型（5.18）
学校类别	LEIBI	0.012167 （0.18）	0.006452 （0.1）
性别	GEN	－0.11025 （－1.5）	－0.11324 （－1.54）
学历	XUELI	－0.10962** （－2.42）	－0.10627** （－2.35）
专业热爱	REAI	0.308542*** （4.04）	0.427925*** （4.22）
学生干部	GANBU	0.093188*** （2.68）	0.092467*** （2.67）
学习成绩	CHENJI	0.057385* （1.7）	0.058179* （1.74）
户籍所在地	HUJIP	0.047839** （2.48）	0.191482** （2.2）
工作年限	WORYEA	0.114253 （1.5）	0.070549*** （4.06）
胜任工作时间	RSTIM	－0.00359 （－0.18）	－0.00392 （－0.2）

续表

变量名称	变量符号	模型（5.17）	模型（5.18）
专业热爱与工作年限交互项	REAI × WORYEA	-0.01288 (-0.61)	
专业热爱与户籍所在地交互项	REAI × HUJIP		-0.04056* (-1.7)
Adj R - squared		0.1031	0.1060
样本规模		783	783

注：括号内报告t值。***、**、*分别表示在1%、5%和10%的水平上显著。

专业热爱与工作年限交互项系数为负，但未降低专业热爱度对于母校推荐度水平的正向影响效应，这可能表明专业热爱度水平与工作年限存在一定的替代效应，但影响效应较弱，而且工作年限的系数不再显著，表明工作年限越长的个体，专业热爱度对于推荐度水平的边际贡献越弱。

专业热爱与户籍所在地的交互项系数为负，且在10%的水平上显著，表明相比于乡镇农村，户籍所在地为城市的个体反而降低了专业热爱度对于母校推荐度水平的积极影响效应。

第四节　结论与政策建议

一、结论

1. 关于职业期望满足水平的作用路径

从工作要求来看，岗位级别越高，职业期望满足水平越高；这与以往研究中认为工作要求越高，个体焦虑水平越高的论断是不一致的。这有可能是因为会计岗位的职位晋升具有循序渐进性，因而现在工作职位的复杂性由于有前期工作经验的铺垫，不会引发焦虑，反而有可能因为职位的晋升而激发更高的职业期望满足度水平。

从工作控制来看，知识应用度水平越高，有过复杂工作经验的个体，对于工作掌控程度越高，职业满意度水平越高。基于工作更换原因，将样本分为追求更好的薪酬与工作机会组别（即进取组）和仅仅是为了方便照顾家庭等组别（即非进取组）进行回归，发现：对于非进取组而言，对工作的掌控程度越高，满足水平越高；但对于进取组而言，知识应用度水平的提高并不能显著提升职业期望满足水平。这表明，对于不同特质的群体而言，知识应用度水平对于职业满意水平的影响存在一定的差异性。

从工作控制与工作要求的交互影响效应来看，在同一岗位，知识应用度较高的个体反而职业期望满足水平越低，也就是说岗位（工作要求）抑制了知识应用度水平（工作控制）的职业期望满足水平。相比于非学生干部组的，有过学生干部经历的人员更加不满足于现有岗位下对知识的应用程度，对职业期望有更高的心理需求水平。对于一般岗位的个体而言，岗位的控制度（知识应用度）更加重要。但是对于管理岗位而言，工作中更需要的是开放式的管理能力，因而知识应用度对其职业期望满足水平的影响不再重要。

从支持资源上来看，单位培训时间越长，职业期望满足水平越高，但是有可能存在随岗位层级升高，职业培训资源心理满足感递减的趋势。对于同一岗位而言，工作更换次数越多，越有助于提升职业满足期望水平，从而工作更换可以起到一定的扩展支持资源，提升职业满足水平的作用。但是频繁地变换工作，却有可能降低知识应用度水平，并进而降低职业期望满足水平。

薪酬在岗位与收入之间存在正向的中介作用效应，即岗位层级越高，收入越高，进而职业期望满足水平越高。但是，薪酬在知识应用度水平与收入之间存在负向的中介作用效应，即存在知识应用度水平越高，收入越低，进而抑制职业期望满足水平的消极作用路径。

2. 关于母校推荐度水平的作用路径

从学习要求来看，学历的系数显著为负，表明学历越高，对母校推荐度水平越低，这可能表明大专等职业院校更加注重与学生的沟通，联系更加密切，因而学生满意度水平更高。

从学习控制来看，专业热爱度系数为正且显著，这表明越喜欢专业，基于专业热爱的迁移效应，对于母校的推荐度水平也越高。

从支持资源来看，学生干部的系数显著为正，表明有过学生干部经历的人员，对于母校的推荐度水平越高。户籍所在地的系数显著为正，表明学生户籍地在北京等城市的人员，有可能会获得更多的支持资源，可以提升对于母校的推荐度。从工作年限的调节效应来看，工作年限的增长有助于抑制学历对于母校推荐度水平的消极效应，但同时也抑制了专业热爱对于母校推荐度水平的积极效应。户籍所在地的资源支持并不能有效抑制学历对于母校推荐度的消极影响效应，但却抑制了专业热爱对于母校推荐度水平的积极影响效应。

从知识应用度的中介效应来看，知识应用度水平降低了学历对于推荐度水平的消极影响效应，增强了专业热爱对于推荐度水平的积极影响效应。

二、政策建议

（1）大专院校的学生有更强的学校认同感，表明大专院校对于学生教育存在可取之处，但由于学历对于岗位晋升与知识应用度水平均起着重要作用，同时，本科及以上学历教育对于未来工作影响更具持续性，所以有必要支持部分职业院校进行本科试点教育，以拓展学生的职业发展机会。

（2）知识应用度水平无论对于职业期望满足水平还是母校推荐度水平都有显著正向影响。所以，无论是学历教育还是职业培训，均需以会计职业工作为核心构建课程体系。

（3）专业热爱度水平无论对于职业期望满足水平还是母校推荐度水平都有显著正向影响。所以，无论是学历教育还是实际工作，激发与培育个体对于会计专业的热爱意义重大。

（4）单位在招聘会计人员时，可以适当对会计人员的性格特征进行测试，并有针对性地规划其成长与晋升路径。

同时，在各类模型中，工资期望的满足都是显著影响职业期望满足水平的重要因素，其系数甚至超过收入绝对水平，所以合理的薪酬体系规划亦是影响个体职业期望满足水平的重要因素。

（5）相比于管理类岗位，一般岗位的知识应用度水平及单位培训时间更加影响职业满意度水平，所以单位在组织会计人员培训时，应加大对于普通会计人员的培训资源支持，以提高培训效率。

（6）单纯的工作更换次数并不能有效提升职业满意度水平，会计人员应基于自身性格特点，保持工作稳定性，合理规划未来职业发展方向。

参考文献

[1] Alba – Ramirez, A. Mismatch in the Spanish Labor Market Overeducation? [J]. *Journal of Human Resources*, 1993, 28 (2): 259 –278.

[2] Bharat Trehan. Productivity Shocks and the Unemployment Rate [J]. *Economic Review*, 2003 (5): 13 –27.

[3] Bedard K. Human Capital versus Signaling Models: University Access and High School Dropouts [J], *Journal of Political Economy*, 2001, 109 (4): 749 –775.

[4] Bebchuk L. , J. Fried, D. Walker. Managerial Power and Rent Extraction in the Design of Executive Compensation [J]. *The University of Chicago Law Review*, 2002, (3): 751 –846.

[5] Fetscherin M. The CEO branding mix [J]. *Journal of Business Strategy*, 2015, 36 (6): 22 –28.

[6] H. Battu, C. R. Belfield, P. J. Sloane. Overeducation Among Graduates: A Cohort View [J]. *Education Economics*, 1999, 7: 21 –38.

[7] J. Mineer. Schooling, Experience and Eamings [M]. New York: National Bureau of Economic Research, 1974.

[8] Katz E. , A. Ziderman, On education, Screening and Human Capita [J]. *Economics Letters*, 1980, 6 (1): 81 –88.

[9] Karasek R, Brisson C, Kawakamin, et al. The Job Content Questionnaire (JCL): An Instrument for Internationally Comparative Assessments of Psychosocial Job Characteristics [J]. *Journal of Occupational Health Psychology*, 1998, 3 (4): 322 –355.

[10] Peter Dolton, Anna Vignoles. The Incidence and Effects of Overedu-

cation in the U. K. Graduate Labor Market [J]. *Economics of Education Review*, 2000, 19: 179 -198.

[11] Tsang M C, Levin H M. The economics of overeducation [J]. *Economics of Education Review*, 1985, 4 (2): 93 -104.

[12] Zimmerman K. The Employment Consequences of Technological Advance Demand and Labor Costs in 16 German Industries [J]. *Empirical Economics*, 1991 (16): 253 -266.

[13] 贝尔菲尔德著，曹淑江主译：《教育经济学—理论与实证》，中国人民大学出版社2007年版。

[14] 代馨：《过度教育发生率及其影响因素的实证分析》，载《云南财经大学学报》2016年第3期。

[15] 杜桂英、岳昌君：《高校毕业生就业机会的影响因素研究》，载《中国高教研究》2010年第11期。

[16] 方军雄：《高管权力与企业薪酬变动的非对称性》，载《经济研究》2011年第4期。

[17] 方长春：《教育扩张是否影响了教育收益率——基于中国城镇数据的HLM分析》，载《教育研究》2019年第1期。

[18] 范皑皑：《大学生人力资本的过度与不足——基于弥补型过度教育视角的实证分析》，载《北京大学教育评论》2012年第4期。

[19] 范皑皑、丁小浩：《谁的文凭贬值了——分割的劳动力市场视角下的过度教育问题研究》，载《教育发展研究》2013年第17期。

[20] 范秀燎、李强：《企业在职培训对员工工资收入的影响》，载《华南师范大学学报（社会科学版)》2012年第5期。

[21] 郭靖、周晓华、张金桥等：《工作要求——控制模型在中国产业工人中的应用：边界条件与研究反思》，载《南开管理评论》2015年第6期。

[22] 黄亮、徐辉：《工作幸福感导向的工作要求-控制-支持模型研究》，载《商业经济与管理》2014年第10期。

[23] 黄志岭、逯岩、樊小钢：《过度教育的收入效应实证研究》，载《财经论丛》2010年第6期。

[24] 胡永远、马霖、刘智勇：《个人社会资本对大学生就业市场的影

响》，载《中国人口科学》2007 年第 6 期。

［25］江伟：《行业薪酬基准与管理者薪酬增长：基于中国上市公司的实证分析》，载《金融研究》2010 年第 4 期。

［26］李焰、秦义虎：《媒体监督、声誉机制与独立董事辞职行为》，载《财贸经济》2011 年第 3 期。

［27］李锋亮、岳昌君、侯龙龙：《过度教育与教育的信号功能》，载《经济学季刊》2009 年第 2 期。

［28］李剑峰：《高校毕业生过度教育影响因素分析》，载《北京大学教育评论》2016 年第 5 期。

［29］李建民、陈洁：《中国过度教育的测度——基于美国职业准入的教育标准》，载《人口与经济》2017 年第 5 期。

［30］李炜、岳昌君：《2007 年高校毕业生就业影响因素分析》，载《清华大学教育研究》2009 年第 1 期。

［31］李维安、刘绪光、陈靖涵：《经理才能、公司治理与契约参照点：中国上市公司高管薪酬决定因素的理论与实证分析》，载《南开管理评论》2010 年第 2 期。

［32］梁英：《产品市场竞争对高管激励效应影响的实证研究》，载《当代经济研究》2011 年第 6 期。

［33］刘云波、钟宇平：《香港过度教育现象及其与行业发展的关系分析》，载《北京大学教育评论》2012 年第 10 期。

［34］刘志国、宋海莹：《中国不同所有制部门间的性别歧视——基于收入角度的分析》，载《人口与经济》2018 年第 4 期。

［35］罗楚亮、滕阳川、李利英：《行业结构、性别歧视与性别工资差距》，载《管理世界》2019 年第 8 期。

［36］罗润东、彭明明：《中国教育不匹配状况及其对工资收入的影响》，载《学术月刊》2010 年第 42 期。

［37］罗昆、杨蓉：《同业参照比运气和才能更重要吗：高管薪酬影响因素的探索性研究》，载《南方经济》2015 年第 12 期。

［38］宁光杰：《中国的工资性别差距及其分解——性别歧视在多大程度上存在?》，载《世界经济文汇》2011 年第 2 期。

［39］乔志宏、宋慧婷、冯明礼、邵燕萍：《人力资本和社会资本与中国大学生就业的相关研究》，载《中国青年研究》2011 年第 4 期。

［40］田庆辉：《企业员工时间管理行为对工作要求——控制调节作用的相关研究》，西南大学硕士论文，2008 年。

［41］王春超、佘诗琪：《户籍异质性、职业匹配与收入差距》，载《经济社会体制比较》2017 年第 3 期。

［42］王德文、蔡昉、张国庆：《农村迁移劳动力就业与工资决定：教育与培训的重要性》，载《经济学（季刊）》2008 年第 4 期。

［43］王敏、王青：《教育对经济增长影响的空间效应研究》，载《大连理工大学学报（社会科学版）》2017 年第 1 期。

［44］王广慧：《高校毕业生过度教育的度量及其对就业质量的影响》，载《教育与经济》2017 年第 6 期。

［45］武向荣：《过度教育的经验研究——基于对 3 家企业的调查》，载《教育与经济》2005 年第 2 期。

［46］武向荣：《过度教育发生率及其影响因素——基于北京市数据的分析》，载《教育发展研究》2010 年第 19 期。

［47］武向荣：《教育扩展中的过度教育现象及其收入效应——基于中国现状的经验研究》，载《北京师范大学学报（社会科学版）》2007 年第 3 期。

［48］吴愈晓、吴晓刚：《城镇的职业性别隔离与收入分层》，载《社会学研究》2009 年第 4 期。

［49］吴愈晓：《劳动力市场分割、职业流动与城市劳动者经济地位获得的二元路径模式》，载《中国社会科学》2011 年第 1 期。

［50］吴亮、张迪、伍新春：《工作特征对工作者的影响——要求—控制模型与工作要求—资源模型的比较》，载《心理科学进展》2010 年第 2 期。

［51］夏福斌、林忠：《工作特征压力模型：理论述评及其应用》，载《中国人力资源开发》2013 年第 3 期。

［52］徐宁、王雪凝、张阳：《高管声誉对企业 R&D 投资的双重效应——基于高管薪酬中介作用的路径分析》，载《商业研究》2018 年第 7 期。

［53］徐玉德、张昉：《国企高管薪酬管制效率分析——一个基于信息

租金的分析框架》，载《会计研究》2018年第5期。

[54] 徐细雄、谭瑾：《高管薪酬契约、参照点效应及其治理效果：基于行为经济学的论解释与经验证据》，载《南开管理评论》2014年第4期。

[55] 徐舒、朱南苗：《异质性要素回报、随机冲击与残差收入不平等》，载《经济研究》2011年第8期。

[56] 邢春冰、贾淑艳、李实：《技术进步、教育回报与中国城镇地区的性别工资差距》，载《劳动经济研究》2014年第3期。

[57] 晏艳阳、乔嗣佳、苑莹：《高管薪酬激励效果——基于投资—现金流敏感度的分析》，载《中国工业经济》2015年第6期。

[58] 杨青、王亚男、唐跃军：《限薪令的政策效果：基于竞争与垄断性央企市场反应的评估》，载《经济研究》2018年第1期。

[59] 杨涛、曾湘泉：《在职培训对员工工资的异质性影响研究——来自中国雇主雇员匹配数据的证据》，载《中国人力资源开发》2017年第11期。

[60] 袁富华、张平、陆明涛：《长期经济增长过程中的人力资本结构—兼论中国人力资本梯度升级问题》，载《经济学动态》2015年第5期。

[61] 岳昌君、周丽萍：《经济新常态与高校毕业生就业特点》，载《北京大学教育评论》2016年第2期。

[62] 岳昌君、杨中超：《我国高校毕业生的就业结果及其影响因素研究》，载《高等教育研究》2012年第4期。

[63] 岳昌君、丁文东、闵维方：《求职与起薪：高校毕业生就业竞争力的实证分析》，载《管理世界》2014年第11期。

[64] 岳昌君、陈昭志：《“211”高校本科毕业生的就业起薪分析》，载《北京大学教育评论》2015年第3期。

[65] 张冰冰、沈红：《过度教育的收入效应》，载《复旦教育论坛》2016年第3期。

[66] 张晓蓓、元朋：《我国过度教育现象研究——基于全国综合社会调查数据的分析》，载《教育发展研究》2010年第17期。

[67] 周蕾、周萍华、刘锦妹：《高管人力资本溢价与企业风险承担》，载《华东经济管理》2018年第10期。